Bedrohte Zukunft
Bergvölker in Bangladesh

Bedrohte Zukunft

Bergvölker in Bangladesh

International Work Group for Indigenous Affairs (IWGIA),
Lokalgruppe Zürich,
in Zusammenarbeit mit dem Ethnologischen Seminar der
Universität Zürich.

Koordination: Prof. Dr. L. G. Löffler

Die Verfasser danken dem Völkerkundemuseum der Universität Zürich für die finanzielle Unterstützung, welche die Publikation dieses Büchleins ermöglichte; dem Museum für Völkerkunde Berlin und dem Linden-Museum Stuttgart für die leihweise Überlassung ethnographischer Gegenstände aus den Sammlungen Dr. E. Riebeck (1882) bzw. Dr. L. G. Löffler (1965). Ferner dem IWGIA-Sekretariat in Kopenhagen, dem Organizing Committee Chittagong Hill Tracts Campaign, Amsterdam, Herrn C.-D. Brauns, Bad Liebenzell, und dem Birkhäuser-Verlag, Basel, sowie dem Institut für Völkerkunde der Universität München (als Nachlass-Verwalter für Prof. Dr. H. E. Kauffmann) für die Erlaubnis zur Reproduktion photographischer Aufnahmen.

Alle Rechte vorbehalten
© Völkerkundemuseum der Universität Zürich und
IWGIA-Lokalgruppe Zürich
1988

Redaktion, Layout und Satz:
André Werner
Andreas Wimmer

Umschlagfoto:
Claus-Dieter Brauns

Druck:
Druckerei Feldegg AG

ISBN: 3-909105-07-6

Inhalt

Zum Geleit	6
Die Bewohner der Chittagong Hill Tracts	9
Landbau und Viehzucht	14
Haus und Kleidung	30
Sozialstruktur	35
Religion	39
Geschichtlicher Überblick	46
Einwanderung und Vertreibung	50
Staatliche Erschliessung leerer Räume?	53
Kahlschlag der Wälder	63
Bodenschätze und Entwicklungshilfe	66
Ein Staat - Eine Kultur?	69
Völkermord und Widerstand	73
Flüchtlinge	83
Was tun?	88
Literatur	91
Bildnachweis	92

Zum Geleit

Dieses Büchlein möchte, ebenso wie die parallel dazu entstandene Ausstellung im Völkerkundemuseum, einen Einblick geben in eine fremde Welt. Eine Welt, zu der uns der Zutritt verboten ist, die bei uns dementsprechend unbekannt ist, über die in unseren Zeitungen kaum je etwas zu finden ist. Und wenn einmal eine Meldung zu uns gelangt, dann bleibt sie unverständlich: "Rebellen überfielen im Südosten Bangladeshs ein Dorf". Was besagt das schon?

Kein Wort darüber, dass ein Drittel der Armee Bangladeshs in diesem Südosten stationiert ist, um diese "Rebellen" zu vernichten. Dass es sich um das Berggebiet im Hinterland der Hafenstadt Chittagong handelt, die sogenannten Chittagong Hill Tracts. Dass dieses Gebiet bis vor kurzem von etwa 400'000 Menschen zwölf verschiedener ethnischer Gruppen bewohnt wurde, die sich kulturell stark von den Bengalen unterscheiden. Dass diesen Minderheiten die herkömmliche Art, ihren Lebensunterhalt zu gewinnen, der Feldbau an Berghängen, verboten wurde. Dass die "Rebellen" Angehörige dieser Minderheiten sind, die mit Militärgewalt aus ihren angestammten Wohnsitzen vertrieben wurden, um bengalischen Siedlern Platz zu machen. Dass Tausende von zivilen Angehörigen dieser Minderheiten geprügelt, gefoltert, vergewaltigt, verstümmelt und getötet wurden. Dass zurzeit etwa 50'000 Menschen - d.h. mehr als 10% der einheimischen Bevölkerung - in Flüchtlingslagern auf indischem Territorium vegetieren, und mindestens ebensoviele nach Burma und Indien abgewandert sind, um irgendwo wieder ein Heim zu finden. Dass nationale und internationale Organisationen mit Millionen von Dollars die "Entwicklung" dieses Sperrgebietes finanzieren. Dass unsere Regierungen so tun, als ginge sie diese Verletzung der Menschenrechte, dieser Ethnozid, gar nichts an, weil diese Menschen für sie politisch keinen Wert haben.

Wir möchten dieses diplomatische Schweigen brechen. Wir möchten Ihnen einen Zugang schaffen zum Verständnis dessen, was die Chittagong Hill Tracts waren und was dort seit Jahren vor sich geht. Wir möchten hoffen, dass Sie uns dann zustimmen, wenn wir unsere Regierung auffordern: Finanziert nicht - auch nicht indirekt - die Vernichtung der Menschen und ihrer Kulturen in den Chittagong Hill Tracts! Helft der indischen Regierung bei der Betreuung der Flüchtlinge! Und tut alles in Eurer Macht stehende zur Wiederherstellung der Menschenrechte in Bangladesh!

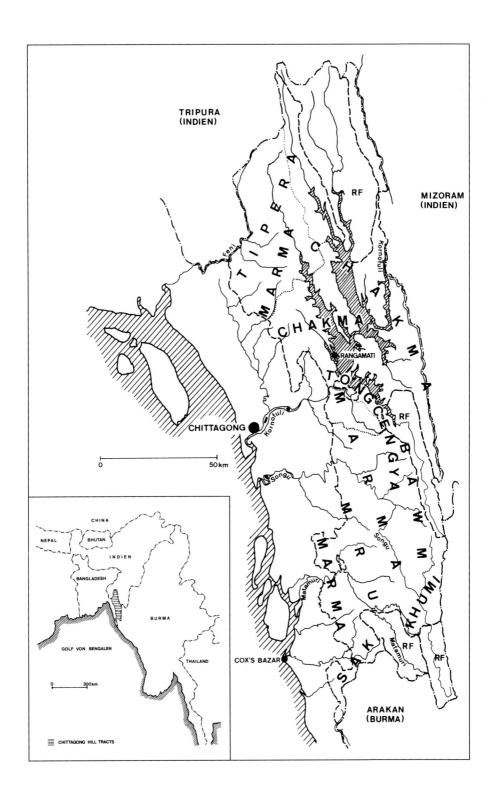

Die Bewohner der Chittagong Hill Tracts

Die **Chittagong Hill Tracts** werden im Norden und Osten abgegrenzt durch die indischen Unionsstaaten Tripura und Mizoram, im Süden und Südosten durch die burmanischen Provinzen Arakan und Chin Hills und im Westen durch den Chittagong-Distrikt, eine schmale Ebene am Golf von Bengalen. Seit der Unabhängigkeit Bangladeshs gehören die Hill Tracts, die bei der Teilung Britisch-Indiens Ost-Pakistan zugeschlagen wurden, zum Staatsgebiet Bangladeshs.

Mit ihren nordsüdlich verlaufenden Hügel- und Bergketten, die gegen Osten allmählich an Höhe gewinnen (von 100 bis ca. 1000 m.ü.M.), bilden die Chittagong-Berge die Übergangszone zwischen der schmalen Küstenebene am Golf von Bengalen und dem assamesisch-arakanischen Bergland, den südlichen Ausläufern des Himalaya. Vier Flussläufe schufen durch Ausschwemmung fruchtbare Längs- und Quertäler: Der Feni bildet die Grenze zu Tripura im Norden. Der Kornofuli mit seinen Zuflüssen wurde durch einen Damm aufgestaut. An seiner Mündung liegt Chittagong, die grösste Hafenstadt Bangladeshs. Der Songu und der Matamuri durchqueren die Berge im Süden. Da die Chittagong Hill Tracts bis heute noch kaum durch Strassen erschlossen sind, bilden diese Flüsse und Flusstäler die hauptsächlichen Verkehrsadern. Über die relativ niedrigen, aber stark zerklüfteten Berge

---

	Legende
_._._	Internationale Grenze seit 1947
----	Grenzen der Tracts und des Reservationsforsts
....	Grenze der Subdivision (jetzt Distrikt)
....	Grenze des Circle (sofern nicht gleich Subdivision)

mit oft steil abfallenden Hängen führen lediglich schmale Fusspfade. Ursprünglich mit tropischem Urwald bestanden, sind die Chittagong Hill Tracts nach Jahrhunderten der Kultivierung heute überwiegend mit Sekundärvegetation und stellenweise auch unfruchtbarer Grassavanne bedeckt. Die klimatischen Bedingungen entsprechen dem Drei-Jahreszeiten-Zyklus Nordindiens mit permanent hoher Luftfeuchtigkeit: kurze "heisse Zeit" im März und April, "Monsunzeit" von Mai bis September und trockene "kalte Zeit" von Oktober bis Februar.

Auch kulturell sind die Hill Tracts eine Übergangszone. Noch bis vor ca. 30 Jahren markierten sie die Grenze zwischen Vorderindien (mit Bevölkerungen mediterraner Abstammung und indoeuropäischer Sprachen in der Ebene) und Hinterindien (mit Bevölkerungen mongolischer Abstammung und tibeto-burmanischer Sprachen in den Bergen). Entsprechend ihrer bevorzugten Siedlungsweise können die indigenen Ethnien der Chittagong Hill Tracts - d.h. die seit Jahrhunderten hier lebenden Völker - in drei Gruppen aufgeteilt werden: die Talbewohner (Chakma, Marma, Sak und Tipera), die Bergbewohner (Bawm, Pangkhua und Lushai) und einige Ethnien, die sich sowohl in den Talsohlen als auch auf den Berghöhen niedergelassen haben (Tongcengya, Prung, Khyang, Khumi und Mru).

Die reifen Ähren des Bergreises häufen sich im Erntekorb der Schnitterin, einer jungen Mru-Frau.

Tanzende Khumi-Mädchen in Festtracht

Die **Chakma** siedeln in den Tälern der mittleren und nördlichen Hill Tracts. Sie sprechen, wie die ihnen zugehörige kleine Untergruppe der **Tongcengya**, die am Südrand des Chakma-Gebietes lebt, als einzige Ethnie in den Hill Tracts keine tibeto-burmanische Sprache, sondern einen Dialekt des Bengali. Für diesen benutzen sie eine eigene, der burmanischen verwandte Schrift. Die kleine Ethnie der **Sak**, die ganz im Süden der Hill Tracts lebt und eine eigenständige tibeto-burmanische Sprache spricht, mag historische Bezüge zu den Chakma haben, steht jedoch heute kulturell den Marma näher. Die **Marma** leben vor allem in den südlichen und nordwestlichen Tälern; früher bevölkerten sie auch die Ebene südlich von Chittagong. Die **Tipera** bewohnen den nördlichsten Teil der Chittagong Hill Tracts. Ihr Hauptsiedlungsgebiet - wie auch jenes der im Süden und Nordosten der Hill Tracts verstreut angesiedelten Ethnie der **Prung/Riang** - liegt im nördlich angrenzenden indischen Unionsstaat Tripura. Die bergbewohnenden Ethnien der **Lushai**, **Pangkhua** und **Bawm** sind im frühen 19. Jahrhundert von Osten her (dem heutigen Mizoram) eingewandert und kulturell eng miteinander verwandt. Die westlichen Bergketten der südlichen Hill Tracts werden von den **Mru** bewohnt, die vor einigen hundert Jahren von Arakan, wo auch heute noch ein Teil des Volkes lebt, eingewandert sind. Ihre südöstlichen Nachbarn sind die **Khumi**, die ihnen auch kulturell am nächsten stehen. Die mit den Khumi engstens verwandten **Khami** sind heute in den Mru am oberen Matamuri aufgegangen. Beide Völker stammen aus Arakan, wie auch die **Khyang**, eine kleine Ethnie, die sich in den mittleren Hill Tracts angesiedelt und inzwischen die Kultur der sie umgebenden Marma weitgehend übernommen hat.

In das ohnehin dicht besiedelte Gebiet der Chittagong Hill Tracts dringen seit den 60er Jahren immer mehr Bengalen aus der Ebene ein, die sich abstammungsmässig sprachlich, kulturell und religiös von der einheimischen Bevölkerung unterscheiden. Ihr Einfluss nimmt stetig zu. Lebten 1951 noch ca. 25'000 Bengalen in den Hill Tracts, die vor allem den Handel auf den Märkten und den Verkehr auf den Flüssen beherrschten, waren es 1981 schon über 260'000.

Die folgende Tabelle soll einen Überblick über die indigenen Völker der Chittagong Hill Tracts geben. Bei den Bevölkerungszahlen handelt es sich um grobe Schätzungen.

Ethnie	Bevölkerungszahl 1981
Chakma	260'000
Marma	120'000
Tipera	40'000
Sak	2'000
Bawm	7'000
Pangkhua	2'000
Lushai	500
Tongcengya	25'000
Prung/Riang	10'000
Khyang	1'500
Khumi	3'000
Mru	22'000
Total	493'000

Landbau und Viehzucht

Die herkömmliche Art des Nahrungserwerbs in den Chittagong Hill Tracts ist der **Feldbau**, d.h. der Pflug wird zur Bestellung der oft an steilen Hängen gelegenen Felder nicht eingesetzt. Nur ein Teil der Chakma, der Marma, der Tipera und der Sak hat Zugang zu Land, auf dem **Pflugbau** überhaupt möglich ist. An den Berghängen wird **Schwendbau** betrieben, d.h. man schlägt die natürliche Vegetation oberirdisch ab und verbrennt sie später. Das erosionshemmende Wurzelwerk wird im Boden belassen.

Im Schwendbau kultivierter Boden verliert rasch an Nährstoffgehalt, sofern nicht langjährige Brachezeiten eingehalten werden. Die kritische Grenze in den Hill Tracts liegt ungefähr bei fünf Jahren. Wird eine Fläche häufiger abgebrannt, vergrast sie und geht dem Feldbau für mindestens zehn Jahre verloren. Ausgeruhte Böden können einen mehr als zehnmal höheren Ertrag abwerfen als ausgelaugte.

Sofern ausreichende Landreserven - oder, anders gesagt, eine geringe Bevölkerungsdichte - die Aufrechterhaltung einer guten durchschnittlichen Bodenqualität erlauben, ist Schwendbau eine den besonderen ökologischen und physiologischen Bedingungen der tropischen Hügel- und Bergzonen wohlangepasste Form bäuerlicher Landnutzung. Verglichen mit Ackerbau, d.h. jährlicher Bestellung desselben Areals unter Einsatz von Pflug und Dünger, kann Schwendbau wegen der nötigen Brachejahre jedoch pro Flächeneinheit weniger Menschen ernähren. Seit den 50er Jahren hat die Bevölkerung der Chittagong-Berge eine Dichte erreicht, die in einzelnen Regionen an die Grenzen der ökologischen Tragfähigkeit stiess. Zunehmende Landknappheit zwingt zur Verkürzung der Brachezeit, was die Böden degradiert und die Flächenerträge sinken lässt. Ein Teufelskreis stetig fortschreitender Bodenzerstörung und weiterer zwangsläufiger Intensivierung hat sich etabliert.

Führte schon der Bevölkerungsdruck in den Hill Tracts vor den 60er Jahren lokal zu ernsthafter Landknappheit, so wurde die potentiell prekäre Situation mit dem Bau des Staudammes 1961 dramatisch verschärft. Schätzungen zufolge wurde durch den Stausee das Acker- und Schwendbauland von etwa 85'000 Menschen, d.h. mehr als einem Viertel der damaligen Bevölkerung der Chittagong Hill Tracts, überschwemmt. Hauptleidtragende waren die Chakma. Nur ein kleiner Teil der Vertriebenen erhielt Realersatz oder eine Entschädigung durch den Staat, und auch dies nur unzureichend. Bei der Entschädigung mit Ackerland wurden Bengalen bevorzugt. Den meisten Familien der indigenen Bevölkerung hingegen blieb keine andere Wahl, als wieder Schwendbau zu betreiben. Tausende von Chakma verliessen ihre Heimat und zogen auf der Suche nach einer neuen Existenz bis nach Nordassam in der Indischen Union. In den Chittagong-Bergen jedoch überstieg der Bevölkerungsdruck in der Folge nicht nur in der Umgebung des Stausees, sondern auch in vielen anderen Gebieten die kritische Grenze: Die Brachezeiten der Schwendbauzyklen mussten mancherorts auf ein bis zwei Jahre gesenkt werden. Die Folgen - Erosion und Vergrasung - sind verheerend.

Traditionell gab es in den Hill Tracts **kein Privateigentum an Boden,** aber jede Familie verfügte über den Ertrag des von ihr bebauten Landes. Der Zugang zum Boden war innerhalb einer Dorfgemeinschaft und zwischen den Dörfern geregelt. Im Prinzip war jener Bauer erster Anwärter auf ein Feldareal, der dieses in früheren Jahren bereits einmal bestellt hatte. Zu- oder Abnahme der Familienmitglieder und der Zahl der Familien führte jedoch immer wieder zu einer Umverteilung, über die alle Familienvorstände des Dorfes gemeinsam entschieden. Wer sein Feld auf dem Land eines Nachbardorfes anlegen wollte, musste dessen Bewohner um Erlaubnis fragen. Kam es dennoch zum Streit um ein Landstück, war es am Headman (vgl. Kapitel "Sozialstruktur"), den Fall zu entscheiden.

Im Januar oder Anfang Februar wird mit dem Schlagen begonnen. In einem ersten Arbeitsdurchgang muss das Unterholz entfernt werden. Dann fällen die Männer in einem zweiten Durchgang die grösseren Bäume mit der Axt. Sobald die geschlagene Vegetation genügend ausgetrocknet ist - in der Regel in den ersten Apriltagen - wird sie in Brand gesetzt. Die Ränder des Feldes werden von Brennbarem gesäubert, damit das Feuer nicht auf benachbarte Areale überspringt. Abgebrannt wird in der Regel morgens und abends, weil dann Windstille herrscht.

Nachdem nicht vollständig verbrannte Überreste vom Feld entfernt sind und der Boden durch die ersten Regenfälle aufgeweicht ist, beginnt die Aussaat. Angebaut wird vor allem **Reis,** das bei weitem wichtigste Grundnahrungsmittel der Chittagong Hill Tracts. Es werden verschiedene Reissorten ausgesät, die alle in etwa fünf Monaten ausreifen und abgesehen von den Monsunregen keine weitere Bewässerung benötigen. Zwischen die Reissaat werden weitere Feldfrüchte eingesät oder eingepflanzt: Bohnen, Linsen, Mais, Hirse, Auberginen, Kürbisse, Gurken, Taro, Yams, Süsskartoffeln, Ingwer, Baumwolle, Indigo und anderes mehr. In geschwendeten Feldern werden nie Monokulturen angelegt.

Ab Juni, wenn der Reis zu spriessen begonnen hat, setzt die Arbeit des **Jätens** ein. Die maximale Feldfläche, die eine Familie bestellen kann, wird durch das Jäten bestimmt. Fällt eine Arbeitskraft aus, z.B. durch Krankheit, kann das den Verlust ganzer Feldpartien zur Folge haben. Für eine Fläche von 1 ha brauchen drei Personen etwa einen Monat. Sind sie am letzten Stück angelangt, müssen die zuerst vom Unkraut befreiten Partien bereits wieder unter die Hacke oder das Messer genommen werden. Zwischen Anfang Juni und Ende August muss jedes Feld dreimal vollständig gejätet werden. Um die Arbeitszeit zu optimieren, übernachten manche Familien in dieser Zeit - zumindest bei der Bestellung der weiter vom Dorf entfernt gelegenen Felder - in der u.a. zu diesem Zweck errichteten Feldhütte.

Im September beginnt die **Reisernte**. Die Ähren werden büschelweise mit der Sichel geschnitten und ins Feldhaus getragen. Dort wird ausgedroschen. Dann trägt man den Reis Körbeweise ins Dorf. Eine Familie, die pro Mitglied 240 kg Reis geerntet hat, darf beruhigt ins nächste Jahr blicken. Nicht nur ist die eigene Nahrungsversorgung gesichert, auch das Saatgut für das nächste Frühjahr steht zur Verfügung und zudem können einige Hühner gefüttert, etwas Reisbier und -schnaps hergestellt und ein kleiner Teil der Reisproduktion auf dem Markt gegen Gebrauchsgüter eingetauscht werden. Etwa 150 kg pro Person und Jahr markieren die untere Grenze, bei der eine Familie ihren Kalorienbedarf decken kann. Fleisch gibt es nur an bestimmten Festtagen, und fette Schweine sind selten. Grössere Reismengen hinzukaufen kann nur derjenige, der eine gute **Baumwollernte** gehabt hat.

In der nach der Ernte einsetzenden Trockenzeit lässt die Arbeitsbelastung nach. Es ist die Jahreszeit der Festlichkeiten. Doch für den Schwendbauern, der zusätzlich ein Nassreisfeld bestellt oder ein Areal im Trockenfeldbau unter den Pflug nimmt, ist die aktive Zeit des Jahres noch nicht vorüber, denn diesen Tätigkeiten sind hauptsächlich die Wintermonate vorbehalten.

Ackerbau fand erst zu Beginn unseres Jahrhunderts im Gefolge der englischen Kolonisation Eingang in die Chittagong Hill Tracts. Neben dem Besitz und Einsatz von Zugtieren, des Pfluges und von Dünger bringt der Pflugbau auch eine grundlegende, alle Bereiche der Sozialorganisation berührende Veränderung mit sich: den Übergang von kommunalem zu privatem Landbesitz. Denn ein Bauer ist nur gewillt, die im Vergleich zum Schwendbau höheren Investitionen zu riskieren, wenn der Zugang zum gerodeten, gepflügten, gedüngten und eventuell bewässerten Acker auch in Zukunft gewährleistet ist. Die Kolonialverwaltung unterstützte den Prozess der Privatisierung, und die nachkolonialen Autoritäten übernahmen diese Politik. Doch wie bereits angedeutet, ist aus topographischen Gründen nur ein sehr kleiner Teil des Gesamtgebietes überhaupt im Pflugbau bestellbar.

Während sich die Ackerbauern unter den Chakma, den Marma, den Tipera und den Sak Rinder oder Büffel als **Zugtiere** halten, nutzen die Schwendbauern Rinder nur als Fleischlieferanten, sofern ihnen als Hindu nicht der Genuss von Rindfleisch verboten ist. Die Tiere werden allerdings nur zu besonderen Festen geopfert. Nicht jeder Haushalt hält sich ein Rind, aber in jedem findet man ein Schwein und ein paar Hühner. Während die Rinder sich ihre Nahrung freilaufend selbst suchen, werden die Schweine mit Essensabfällen, Reisspreu und Kleie versorgt. Auch die Hühner belasten den Reisvorrat des Haushaltes. Hunde und Katzen hingegen werden kaum gefüttert, erstere aber bei den Khumi und Mru gelegentlich als Opfertiere getötet und verzehrt. Milch ist kaum von Belang, nicht nur weil die Kühe ausser nach dem Kalben keine Milch geben, sondern auch, weil Milch den Einheimischen Magenbeschwerden verursacht. Jagdbeute - Vögel, das selten gewordene Rotwild, Wildschweine, Nagetiere usw. -

bilden eine weitere willkommene Bereicherung des Speisezettels. Die Bogenjagd ist heutzutage unbekannt, aber die Bewohner der Chittagong Hill Tracts sind äusserst findige Fallenkonstrukteure. Auch das Blasrohr und, wenn man sich die Anschaffung leisten kann, die Flinte kommen zum Einsatz. Gelegentlich auf dem Markt erstandene oder selbst gefangene Fische runden die tierische Nahrung ab. Auch Käfer, Maden und anderes Kleingetier verschmäht man nicht, um die prekäre Proteinzufuhr aufrechtzuerhalten.

Von der Feuerholzbeschaffung über das Stampfen des Reises und der Vorbereitung des Gemüses bis hin zum eigentlichen Kochen, Würzen und Servieren ist die Nahrungsverarbeitung Frauensache. Der einzige Beitrag der Männer besteht, ausser im Schlachten und Zubereiten des Fleisches bei Festen, in der Herstellung der Geräte zur Reisaufbereitung. Bei den Mru und Khumi sind dies vor allem die schweren hölzernen Mörser und Stössel und die Flechtwannen, in denen der enthülste und enthäutete Reis geworfelt wird.

Vorbereitung der Felder: Abbrennen der abgeschlagenen, ausgetrockneten Vegetation an den Uferhängen des Songu.

Die nicht abgeschlagenen Bäume und der Bambus haben dem Feuer standgehalten. Sie werden in den nächsten Jahren für ein Wiederaufkommen der abgebrannten Vegetation sorgen.

Die Saat wird in das geschwendete Feld eingebracht. Nicht verbrannte Baumstämme legt man quer, damit die Regenfälle das Erdreich weniger leicht abspülen können.

Junge Mru-Männer bringen mit dem Grabstock das Saatgut - Reis und Baumwollkörner gemischt - in die Erde.

An der unerlässlichen, zeitaufwendigen und harten Arbeit des Jätens nimmt die ganze Familie teil. Hier arbeiten Mru-Frauen mit Sichel und Haumesser.

Ende der Regenzeit in den Chittagong Hill Tracts - Zeit der Reisernte in den Feldern der Mru: Die reifen Reisähren werden mit der Sichel geschnitten, in grossen Körben ins Feldhaus getragen und dort gedroschen.

Der Heimtransport der Reiskörner in das oft weit entfernte Dorf erfolgt nach einer kurzen Zwischenlagerung in der Feldhütte. Ein Mru-Ehepaar hat den beschwerlichen Weg unter die Füsse genommen.

Frauen und Mädchen stampfen täglich die benötigte Reisportion für die Familie. Hier sind vier Prung-Frauen am Werk.

Bei den Mru wird die tägliche Nahrung auf dem Herd gekocht, der sich an der Seitenwand des Hauptraumes befindet. Die Nahrungsverarbeitung ist Frauensache.

Gemeinsame Mahlzeit. Zum Reis gibt es Gemüse und gekochten Dörrfisch. Wasser wird aus Kalebassen getrunken.

Neben Nahrungsmitteln wie Reis, die von den Bauernfamilien selbst konsumiert werden, baut man in den Hill Tracts auch Marktprodukte an, v.a. Baumwolle. Bengalische Händler transportieren auf dem Sangu Baumwolle auf Booten und Bambus sowie Dachgras auf Flössen in die Ebene.

Anlässlich eines grossen Festes stösst ein Mru-Mann dem Opfertier den Speer zwischen die Rippen.

Ein für das Hochzeitsfest mit Bambusquasten geschmücktes Schwein wird in das Dorf des Bräutigams getragen.

Bei Festen bereiten die Männer die Fleischmahlzeit im Freien zu.

Gelegentliche Fischmahlzeiten bereichern den Speisezettel der Bewohner der Chittagong Hill Tracts. Ein Mru-Mann tötet einen frischgefangenen Fisch mit seinen Zähnen.

Verschiedenartige Fallen werden zur Jagd auf kleine Säugetiere eingesetzt. Einem Mru-Knaben ist ein Hörnchen in die Falle gegangen.

Haus und Kleidung

Der **Hausbau** ist eine mehrtägige Gemeinschaftsarbeit der Männer eines Dorfes. Als Baumaterialien werden Baumstämme, Bambus und Dachgras verwendet. Die Bäume dienen als Stützpfeiler und Querträger, für Pfosten und Pfetten werden Bambusrohre verwendet. Weitere Bambusrohre werden der Länge nach aufgebrochen, zu breiten Bändern umgearbeitet und zu Wänden und Fussböden verflochten. Alle Teile werden mit aus Bambusrinde geschnittenen Riemen zusammengebunden. Metallteile wie Nägel, Schrauben und Drähte finden keine Verwendung. Aus Eisen sind nur die Klingen der benutzten Werkzeuge: Axt und Haumesser. Die Häuser aller Ethnien sind Pfahlbauten, d.h. sie haben ihren Fussboden über der Erde. Um ins Haus zu gelangen, muss man eine Treppe (meist einen gekerbten Baumstamm) hinaufsteigen. Auch die pagodenähnlichen buddhistischen Tempel der Marma unterscheiden sich von der traditionellen Hausbauweise nur dadurch, dass statt Bambus Holzplanken Verwendung finden - je mehr Hartholz für ein Haus verwendet wird, desto dauerhafter wird es. Ebenerdige Stein-, Lehm- und Bambushäuser finden sich nur dort, wo zunächst die Kolonialverwaltung und inzwischen die bengalische Kultur Einzug gehalten haben.

Jede Ethnie hat ihren eigenen Hausstil. Je nachdem sind die Häuser ein- oder zweiräumig und im Inneren unterschiedlich nach den Bereichen Wohnen, Schlafen und Kochen aufgeteilt. Gemeinsam ist ihnen allen eine offene Plattform. Im Freiraum unter dem Haus wird das Brennholz gestapelt, und dort sind auch die Verschläge, in denen Schweine und Hühner, die tagsüber frei umherlaufen, nachts vor den möglichen Überfällen grosser Raubkatzen geschützt werden.

Wie im Hausstil, so unterscheiden sich die Ethnien auch in der **Kleidung** und im **Schmuck**. Am deutlichsten sind die Unterschiede in der Frauenkleidung: die kürzesten Röcke tragen die Mru-Frauen, etwas länger sind die Röcke der Khumi und der (traditionellen) Pangkhua und Bawm, sodann die der Sak und Riang/Prung, die (westlichen Stiles) der christlichen Bawm und am längsten schliesslich sind die der Marma und Chakma. Die besser gestellten Schichten der letzteren (wie auch der Tipera) tragen zum Teil den Sari der Hindu-Frauen. Während die meisten Mru- und Prung-Männer noch einen Durchziehschurz tragen, hat sich bei den anderen Ethnien das sowohl in Burma als auch in Bengalen übliche Lungi (in Indonesien Sarong genannt) durchgesetzt. Aber die Männer der Marma, Chakma und Tipera tragen gelegentlich auch ein weisses Wickelgewand ähnlich dem Dhoti der Hindu, während die bessergestellten Kreise sich heute Hosen kaufen und europäisch kleiden. So bringt die in der Öffentlichkeit getragene Männerkleidung mittlerweile mehr die Klassen- denn die Stammeszugehörigkeit zum Ausdruck.

Internationalisiert hat sich auch der Männerhaarschnitt; nur die jungen Männer der Mru und Khumi tragen noch den dicken Haarknoten, der traditionell mit einem selbstgefertigten grossen Kamm geschmückt wird. Zu Festen wird dieser Schmuck durch Armreifen, Ohrringe und vor allem Blumen ergänzt (vgl. Umschlagphoto); Prung-Männer schmücken sich auch mit Halsketten, doch in weit geringerem Masse als ihre Frauen, die von allen Ethnien am meisten selbstgefertigten Glasperlen- und gekauften Silberschmuck tragen.

Mru-Dorf am Hang umgeben von Feldern.

Die Rückseite eines Mru-Hauses: Ein Pfahlbau auf Bambusstangen mit Wänden aus Bambusgeflecht.

Ein Khumi-Knabe bindet die Wand eines neuerstellten Hauses mit Bambusstreifen fest.

Mru-Haus in den Bergketten südlich des Matamuri. Vorn die offene Plattform, rechts davon ein Speicherhaus. Links, tiefer am Hang, ein zweites Haus.

Bawm-Haus. Ein einziges Dach bedeckt alle Räume. Der Eingang führt direkt ins Haus.

Webende Prung-Frauen. Man beachte den ausgeprägten Hals- und Ohrschmuck.

Mru-Vater beim Flechten eines Korbes, einer den Männern vorbehaltenen Arbeit.

Die Bambusflöte ist das Musikinstrument der jungen Mru-Mädchen.

Sozialstruktur

Weniger augenscheinliche, aber für das Alltagsleben noch gewichtigere Unterschiede gibt es in der Verwandtschaftsorganisation. Von allen anderen Ethnien unterscheiden sich die Marma dadurch, dass sie keine vom Vater auf den Sohn vererbten **Abstammungsgruppen** (Patrisippen) besitzen. Verwandte mütterlicher- und väterlicherseits sind also gleich wichtig und Söhne den Töchtern gegenüber nicht bevorrechtigt. Im Unterschied zu den anderen Ethnien ist es bei den Marma auch nicht die Regel, dass die Frauen bei der Heirat ihren Männern in deren Dorf folgen. Am stärksten ausgeprägt hingegen sind die Patrisippen bei den Mru und Khumi; sie bestimmen nicht nur den Erbgang, sondern auch die Heiratsmöglichkeiten. Frauentausch zwischen den Sippen ist ausgeschlossen; jede Sippe steht zu jeder anderen im Verhältnis von entweder Frauengeber oder Frauennehmer. Die unabhängig von individuellen Ehen bestehenden Sippenverhältnisse erlauben es jedem Individuum, alle anderen des ganzen Stammes in ein Verwandtschaftssystem einzuordnen. Aufgrund der Verhältnisse sind für einen Mann nur Verwandte mütterlicherseits, aber nicht solche väterlicherseits heiratbar.

Bei den Bawm und Pangkhua gelten ähnliche **Heiratsregeln**, jedoch ohne dass die ganzen Patrisippen zueinander in Heiratsbeziehungen stünden. Stattdessen waren die Bawm-Sippen früher in eine politische Schichtung eingeordnet, die die Heirat zwischen "Adligen" (die sich Sklaven halten konnten) und "Gemeinen" verbot und einer (inzwischen ausgestorbenen) Sippe die Führung zuwies. Was von dieser Rangordnung nach dem Beginn der Kolonialzeit noch übrig blieb, ist inzwischen durch die Christianisierung eingeebnet worden. Ein ebenfalls die ganze Ethnie umfassendes Verwandtschaftssystem besitzen die Sak. Im Gegensatz zu den Mru ist hier Rückheirat jedoch insofern die Regel, als sich die Sak in zwei Hälften zu je vier Sippen teilen. Geheiratet wird zwischen den Hälften, aber nicht innerhalb derselben.

Bei den Chakma spielen neben den Sippen auch die Lokalgruppen eine Rolle. Diese Gruppen besassen früher eigene **Anführer**, und Ähnliches galt wohl auch für die Marma. Den Chakma-Traditionen zufolge wählten diese Anführer ein gemeinsames Oberhaupt, den Chakma-Raja (sprich: "Radscha"); bei den Marma wurden die Oberhäupter der jeweils grössten Regionalgruppen im Süden und Nordwesten der Hill Tracts von der Kolonialverwaltung als Rajas anerkannt. Somit gab es drei Rajas, die nun mit der Verwaltung (insbesondere der Steuereinziehung) in je einem der drei neu errichteten Kreise betraut wurden. Diesen drei "Chiefs" unterstanden jetzt alle Bewohner ihrer Kreise, ungeachtet der ethnischen Zugehörigkeit. Die Kreise ihrerseits wurden aufgeteilt in über dreihundert kleinere regionale Einheiten, sogenannte "Mouza", die je einem "Headman" unterstellt wurden. Auf der untersten Ebene, in den einzelnen Dörfern und Weilern, amteten die "Karbari" (Geschäftsführer), ohne dafür jedoch, wie die Headmen und insbesondere die Chiefs, am Steueraufkommen beteiligt zu werden. Die Steuer war, in einheitlicher Höhe, von jeder Familie zu zahlen, die in einer Mouza ein Feld anlegte.

Der Raja der Marma mit seinem Gefolge in den Strassen der Stadt Bandarban.

Einmal im Jahr kommen die Headmen beim Raja zusammen, um ihm die von ihnen eingezogenen Feldsteuern abzuliefern.

Allein die Spitze der Verwaltung der Hill Tracts war mit einem Briten (im Rang eines Deputy Commissioners) besetzt. Ihm unterstanden neben den Chiefs auch noch die Polizei und die zivilrechtliche Verwaltung, für die das Gebiet in drei den Kreisen annähernd deckungsgleiche "Subdivisions" geteilt wurde, die ihrerseits mehrere "Thana" (Polizei- und Verwaltungsaussenposten) umfassten. Den besonderen Strukturen der Hill Tracts und der Rolle der Chiefs wurde dadurch Rechnung getragen, dass diesem Gebiet (wie auch anderen randständigen tribalen Gebieten) im Rahmen Britisch-Indiens der Status einer "excluded area" zukam. Die kolonialen indischen Gesetze hatten dort nur insofern Geltung, als sie mit den lokalen Verhältnissen vereinbar schienen.

Nach dem **Ende der Kolonialperiode** behielt die pakistanische Regierung die alte Ordnung zunächst bei, fasste 1959 jedoch jeweils mehrere Mouza zu "Unions" zusammen, deren Einwohner demokratisch eine bestimmte Anzahl Mitglieder in einen "Union Council" wählten. Parallel dazu wurde der Sonderstatus der Hill Tracts abgebaut; jedoch erst die Regierung Bangladeshs entmachtete die Chiefs. Aus den drei Subdivisions wurden 1983 drei Distrikte, die ehemaligen "Thana" oder auch "Unions" wurden zu Subdistrikten ("Upozila") aufgewertet. Der bis in die Unions hinabreichende bengalische Verwaltungsapparat der drei neuen Distrikte ist inzwischen wesentlich grösser als der der gesamten Hill Tracts zur Kolonialzeit. Dazu kommt eine in die Zehntausende gehende Präsenz von militärischen und paramilitärischen Einheiten, die (im Gegensatz zu früher) keiner zivilen Behörde Rechenschaft schuldig sind.

Religion

Zwar gibt es auch unter der bengalischen Bevölkerung der Chittagong-Ebene einige Hindu und Buddhisten, aber die überwiegende Mehrheit gehört dem **islamischen Glauben** an. In den Chittagong-Bergen hingegen bekennen sich die grössten Ethnien, d.h. Chakma und Marma, und mit ihnen die Tongcengya, Sak und Khyang zum **Buddhismus**, die Tipera und mit ihnen die Riang/Prung zum **Hinduismus**. Bawm und Pangkhua wurden von Lushai-Missionaren zum **Christentum** bekehrt; ihre alte Religion ähnelte derjenigen der Mru und Khumi, die bis heute ihren **eigenen Glauben** bewahrt haben.

Allerdings sind die Unterschiede nicht so scharf, wie die Aufzählung vermuten lässt. Bei den Chakma schliessen sich Buddhismus und Hinduismus nicht aus; die religiösen Praktiken der Riang/Prung sind soweit von der Orthodoxie entfernt, dass sie von den Tipera nicht als Hindu anerkannt werden; und auch bei den Marma finden sich genügend Elemente des Glaubens an Naturgeister, um den ihnen benachbart wohnenden Mru Anlass zu geben, sich ihrerseits als Buddhisten zu bezeichnen. Die von den Bawm weitergetragene christliche Mission hat bei einigen Tongcengya, Prung und Mru Anhänger gefunden. Unter den Chakma und Marma hingegen gibt es nur wenige Christen, doch das Gefühl, dass ein sanfter Buddhist einem aggressiven Muslim nicht die Stirne bieten könne, ist weit verbreitet; ein Christ sei da beherzter. Hindu seien die ersten Opfer der islamischen Aggression, Christen würden jedoch respektiert - Vorstellungen und Erfahrungen, die den erwähnten Vormarsch des Christentums z.T. erklären mögen. Nur der Islam fand bei keiner der Ethnien Eingang. In jüngster Zeit wird jedoch von **Zwangskonversionen** berichtet.

Zwar zögern z.B. die Mru nicht, ihren Gott mit Allah zu identifizieren - wie die Muslim machen auch sie sich kein Abbild von ihm -, doch die Regeln, die er ihnen gab, sind völlig andere als diejenigen, die er den Muslim gab. Muslim dürfen z.b. keine Schweine essen, Hindu keine Rinder. Für die Christen und auch die Buddhisten gelten keine solchen Restriktionen, und für die Anhänger der alten **Stammesreligionen** sind Schweine, Rinder und auch Hühner unentbehrlich, will man die Riten des natürlichen Jahres- und des menschlichen Lebens-Zyklus' den gegebenen Regeln gemäss durchführen und sich Ernteertrag und Gesundheit sichern.

Bei den Mru und Khumi (wie früher auch bei den Bawm und Pangkhua) waren grosse Feste, an denen Rinder und Büffel geopfert wurden, die entscheidende Möglichkeit, sich einen grossen Namen zu machen. Bei Marma und Chakma erwirbt man sich Verdienst, indem man einem lokalen buddhistischen **Tempel** eine grosse Spende zukommen lässt. Hiervon profitieren nicht nur die Mönche, sondern alle, weil die Tempel zugleich die **Schulen** sind. Eng verbunden sind Kirche und Schule aber auch bei den Christen und den Muslim; vor der Verbreitung der staatlichen Schule war jedoch nur bei Christen und Buddhisten die Mehrheit der Erwachsenen des Lesens und Schreibens kundig.

Schliesslich wird auch die **Beziehung der Geschlechter** als abhängig von der Religion gesehen. Der Islam legt dazu Rechte und Pflichten fest, bindet die Frau ans Haus und ordnet sie dem Mann unter. In den Hill Tracts hingegen ist die Frau eine Partnerin des Mannes, die ihren unabdinglichen Anteil an der Feldarbeit leistet, entsprechend mitzureden hat und ihre eigenen Entscheidungen treffen kann. Für die Bewohner der Hill Tracts bedeutet Religion also wesentlich mehr als nur eine Form des Glaubens an

Gott; sie bestimmt auch über Nahrung, Kleidung, Arbeitsteilung und den gesamten Lebensstil.

Und da, trotz aller Differenzen der religiösen Lehren, bedingt durch Umwelt und Technik, der Lebensstil der Bergbewohner sich in Vielem ähnelt, aber in offenkundigem, scharfem Kontrast zu dem der Bengalen in der Ebene steht, erscheint letztlich nur **eine** fundamentale Differenz: die zum Islam. Er repräsentiert nicht nur einen fremden, sondern zugleich einen feindlichen Lebensstil. Die Identifikation von Lebensstil und Religion wird allerdings fragwürdig, sobald es sich bei den Bengalen nicht um Muslime, sondern um Hindus oder Buddhisten handelt. Die Freundschaft weicht hier dem Misstrauen: von der Religion her sind sie Brüder, die ebenfalls unter der Majorität der Muslim zu leiden haben. Man könnte sich gegenseitig helfen. Aber letztlich sind sie doch Bengalen.

Junge Männer der Mru mit Mundorgeln beim Tanz während eines Rinderfestes.

Festlich geschmücktes Mru-Mädchen.

Der widerstrebende Festbulle wird an Seilen in das Bambusgehege gezerrt, dort während des Festes von den Tänzern umkreist und später getötet.

Der Stupa vor einem Mru-Dorf zeugt von buddhistischem Einfluss.

Zum Fest des Jahresbeginns tragen Marma die mit Schirmen gegen das Sonnenlicht geschützten Buddha-Statuetten aus dem Tempel ans Flussufer, wo sie gereinigt werden.

Sarg der Marma auf dem Weg zum Verbrennungsplatz.

Krankenopfer der Prung. Das Reismehl-Mandala ist ein typisch hinduistisches Element.

Buddhistischer Tempel in einem Marma-Dorf.

Lushai-Pastorenfamilie. Die Lushai verbreiten als Schullehrer und Pastoren das Christentum in den Chittagong Hill Tracts.

Geschichtlicher Überblick

Obwohl Marma und Chakma seit langem eine schriftkundige politische und religiöse Elite besitzen, sind keine authentischen Überlieferungen vorhanden. Die einen behaupten, die Chroniken seien ihnen verlorengegangen und die anderen liessen sich solche erst zu Beginn dieses Jahrhunderts anfertigen, und die dafür benutzten mündlichen Traditionen erweisen sich bereits für die Zeit um 1800 als fehlerhaft, wenn man sie mit den Daten aus den ersten Jahren der britischen Kolonialzeit vergleicht. Wesentlich weiter zurück, nämlich bis ins 10. Jahrhundert, reichen die Quellen über Chittagong. Es scheint damals das Zentrum eines buddhistischen Reiches gewesen zu sein, das allerdings zeitweise auch vom König des ebenfalls buddhistischen Arakan und vom Raja des hinduistischen Tripura unterworfen und schliesslich im 14. Jahrhundert zum ersten Mal von einem islamischen König von Bengalen erobert wurde. Anfang des 15. Jahrhunderts werden die Sak im Süden des Chittagong-Gebietes erwähnt. Sie sollen auf muslimischer Seite gegen Arakan gekämpft haben. In der Folgezeit stritten die hinduistischen Rajas von Tripura, die muslimischen Mogulherrscher von Bengalen und die buddhistischen Marma-Könige von Arakan um die Vorherrschaft in Chittagong; ab Ende des 16. Jahrhunderts mischten auch die Portugiesen kräftig mit, bis 1666 die Stadt endgültig an das **Mogulreich** fiel.

Der südliche Teil des heutigen Chittagong-Gebiets dürfte jedoch ein unabhängiges Territorium der Marma und Sak geblieben sein; die nördlichen Hill Tracts unterstanden dem Raja von Tripura. Vor dem Eingang zu den Bergen östlich von Chittagong kontrollierte nach 1700 ein Chakma-Raja den Handel mit den mittleren Hill Tracts; er lieferte dem muslimischen Gouverneur von Chittagong einen Tribut an Baumwolle ab und erhielt dafür die Erlaubnis, Salz und Eisen zu importieren.

Nach ersten vergeblichen Versuchen um 1700 übernahmen die **Engländer** 1760 die Verwaltung des Chittagong-Gebietes, schlossen ihrerseits Verträge mit dem Chakma-Raja ab, provozierten mit erhöhten Forderungen jedoch bald einen bewaffneten Widerstand. Im Süden dehnten sie ihr Gebiet über den Matamuri hinweg aus. Als Arakan Ende des 18. Jahrhunderts von Burma erobert wurde, flohen Tausende von Marma, Sak und Angehörigen anderer Ethnien ins britisch kontrollierte Gebiet; den nachdrängenden und Chittagong bedrohenden Burmanen erklärten die Briten 1824 den Krieg, der schliesslich zur Annektion Burmas führte.

Gegen die unabhängigen Stämme an der undefinierten Ostgrenze des Chittagong-Gebietes kam die Kolonialverwaltung jedoch nur langsam voran. In einem ersten Schritt wurde 1860 für die Chittagong Hill Tracts eine eigene Verwaltungseinheit mit Sonderstatus geschaffen und in den folgenden Jahren in Kreise und Mouzas aufgeteilt. Schwer zugängliche Gebiete im Norden, Süden und Osten (insgesamt ein Fünftel des Gebietes) wurden zu Reservationsforsten erklärt, in denen kein Feldbau gestattet war. 1892 kamen, nach langem Kleinkrieg und schliesslich massivem Militäreinsatz, auch die Lushai-Berge (das heutige Mizoram) unter Kontrolle, wurden aber nicht wie das Chittagong-Gebiet der Provinz Bengalen, sondern der Provinz Assam (und damit später Indien) zugeschlagen; das südlich angrenzende Gebiet der weiterhin Widerstand leistenden "Shendu" hingegen wurde grösstenteils den Chin-Hills (und damit Burma) zugeordnet. Auf ethnische Zusammengehörigkeit nahmen die kolonialen Grenzen - oft genug absichtlich - keine Rücksicht; und auch bei der Teilung Britisch-

Indiens 1947 kam anscheinend niemand auf die Idee, die Verhältnisse zu korrigieren.

Entgegen dem Prinzip der Teilung aufgrund religiöser Zugehörigkeit wurden die nicht-muslimischen Bewohner der Hill Tracts dem islamischen **Pakistan** eingegliedert; Marma, Sak, Mru, Khumi und Khyang wurden von ihren Verwandten in Arakan bzw. den Arakan Hill Tracts (Burma) getrennt; Lushai, Bawm und Pangkhua von denen in Mizoram (Indien) und die Tipera einschliesslich der Riang von jenen in Tripura (Indien). Heute erhebt die einzige Ethnie, die nicht seit Jahrhunderten hier ansässig war, die Bengalen, Anspruch auf das Gebiet, während die einzige Ethnie, die ursprünglich keine Verwandten ausserhalb der politischen Grenzen Bangladeshs hatte, die Chakma, den stärksten Widerstand gegen ihre Verdrängung leistet.

Nur vereinzelt finden sich heute noch Überreste des einst mächtigen Mogulreiches.

Einwanderung und Vertreibung

Mit der britischen Kolonialverwaltung nahm auch die Einwanderung von Bengalen ihren Anfang. Sie kamen einerseits als **Händler**, die sich bald auch als **Geldverleiher** betätigten, andererseits als **Handwerker und Landarbeiter**, die mithalfen, den Pflugbau in den Talsohlen einzuführen. Die an Naturalwirtschaft, Tauschhandel und verwandtschaftliche Verpflichtungen gewöhnten Bergbewohner wurden bald in zunehmendem Masse Opfer raffinierter Geschäftspraktiken. Erste gesetzliche Massnahmen zur Eindämmung von Wucher und Betrug nützten wenig. In der Folge erhielten die Chittagong Hill Tracts, wie bereits erwähnt, als **"excluded area"** eine eigene Verwaltungsordnung (1900); nicht im Gebiet Geborenen wurde die Niederlassung und der Erwerb von Land nur in Ausnahmefällen gestattet. Auch die Märkte und der Transport auf den Flüssen wurden besonderen Kontrollen unterworfen. Die Polizei wurde weitgehend aus den indigenen Ethnien rekrutiert. Zivile Streitigkeiten unter den Einheimischen waren von den Chiefs nach tribalem Gewohnheitsrecht zu entscheiden.

Die Kolonialverwaltung war darauf bedacht, die Unterstützung der einheimischen Kräfte zum Aufbau einer weitgehenden Selbstverwaltung zu gewinnen, die kulturelle Eigenständigkeit der Ethnien möglichst unangetastet zu lassen und sie vor dem Einbruch bengalischer Geschäftstüchtigkeit abzuschirmen. Seit 1947 verfolgte die Regierung Pakistans und seit 1971 die Regierung Bangladeshs immer stärker die entgegengesetzte Politik. Obwohl der Sonderstatus erst 1964 formal abgeschafft wurde, beschnitt die Integration in das zentral verwaltete Pakistan das bis anhin den Bergvölkern zugestandene Recht auf Selbstverwaltung. Die **ille-**

gale Einwanderung landloser Bengalen wurde geduldet. Die Ausbeutung durch Händler und Wucherer nahm zu. Vor willkürlichen Verhaftungen, Erpressungen und Vergewaltigungen durch die nunmehr vorwiegend bengalischen Ordnungskräfte fühlte sich niemand mehr sicher. Gegen einen Bengalen vor einem bengalischen Gericht Recht zu bekommen, schien aussichtslos. Nach dem Bau des Staudamms ging das wenige Pflugland, das als Ersatz angeboten wurde, eher an die Bengalen als an die am stärksten betroffenen Chakma; Entschädigungszahlungen versickerten in der Verwaltung. Mit Massnahmen gegen die Korruption und der Einrichtung demokratischer Institutionen gewann die pakistanische Militärregierung jedoch das Wohlwollen der Bergbevölkerung.

Während des bengalischen **Unabhängigkeitskampfes** verhielt sich die Bevölkerung der Hill Tracts eher passiv, gewährte den vor der pakistanischen Armee Flüchtenden jedoch Schutz und wurde deshalb schliesslich selber verfolgt. Tipera, Chakma und Marma flohen aus dem Nordwesten der Hill Tracts nach Indien. Als sie nach dem Krieg zurückkamen, fanden sie ihr Land bereits von muslimischen Bengalen besetzt. Statt das Land an die ursprünglichen Besitzer zurückzugeben, unterstützte die neue Regierung den Zuzug weiterer Bengalen in den Grenzgebieten und begann 1979 mit der Durchführung eines grossangelegten **Umsiedlungsprogrammes**: Von 1979 bis 1982 war die Umsiedlung von 400'000 Bengalen in die Chittagong-Berge geplant. Jede bengalische Familie, die sich zur Umsiedlung bereit erklärte, erhielt von der Regierung ca. 2 ha Land, Unterstützung in Form von Geld und Naturalien sowie militärischen Schutz. Die Zahl der eingewanderten Bengalen dürfte seit 1982 noch einmal drastisch angestiegen sein, da bis zu diesem Zeitpunkt lediglich die erste

Phase des Ansiedlungsprogramms abgeschlossen war. Neuerdings sollen aus 20 Distrikten Bangladeshs je 5'000 landlose Familien rekrutiert und in die Hill Tracts umgesiedelt worden sein.

1951 betrug der Anteil der Bengalen an der Gesamtbevölkerung der Chittagong Hill Tracts kaum 7%. Er stieg auf 39% im Jahre 1981 und heute soll nur noch die Hälfte der Bevölkerung der Hill Tracts zu den einheimischen Volksgruppen zählen. Zu den Siedlern kommen die Angehörigen der Militär- und Polizeikräfte hinzu. Die unabhängige Menschenrechtsorganisation "Survival International" schätzt allein diese auf etwa 120'000 Personen.

Staatliche Erschliessung leerer Räume?

Die landwirtschaftlichen Entwicklungsprogramme der pakistanischen Regierung

Das heutige Bangladesh ist eines der am dichtesten besiedelten Länder der Erde. Immer wieder müssen massive Lebensmittelimporte helfen, eine allgemeine Hungersnot zu vermeiden. Die Steigerung der landwirtschaftlichen Produktion hat deshalb in der nationalen Entwicklungsplanung erste Priorität. Die Möglichkeiten sind jedoch bei einem Verhältnis von sieben Personen pro Hektare Ackerland sehr beschränkt. Bereits die Regierung Ostpakistans musste erkennen, dass eine Produktionssteigerung in den meisten Gebieten nur noch über eine intensivere Nutzung des schon vorhandenen Ackerlandes erreicht werden konnte. Das wenige noch unbebaute Land war nur mit hohem technischen Aufwand für die Produktion erschliessbar.

Schon die damalige Regierung glaubte, dass die Chittagong-Berge eine Ausnahme darstellten. Man sah hier die Möglichkeit, riesige Flächen bisher "ungenutzten" oder "lediglich in primitiver Weise" bewirtschafteten Landes neu zu erschliessen. Die Hill Tracts wurden deshalb als landwirtschaftliche **Entwicklungsregion ersten Ranges** betrachtet. Ein elfköpfiges kanadisches Expertenteam der "Forestry and Engineering International Limited" (FORESTAL) erhielt den Auftrag, die bisherigen Landnutzungsformen, Bodenqualitäten und die Möglichkeiten profitablerer Nutzung der Hill Tracts zu untersuchen.

In seinem Bericht kommt das FORESTAL-Team zum Schluss, dass die tribale Bevölkerung vor dem Dammbau eine den Umweltbedingungen gut angepasste und zufriedenstellende Lebensweise geführt hätte. Aufgrund des ausgelösten Bevölkerungsdruckes und der damit verbundenen Übernutzung der Böden, sei Schwendbau aber nicht mehr tolerierbar. Man müsse neue, schonendere Bewirtschaftungsformen einführen, mit denen gleichzeitig mehr produziert werden könne.

Im Rahmen des "Versuchsplans zur Kontrolle des Schwendbaus" hat die pakistanische Regierung in der Folge fünf Mouzas mit einer Gesamtfläche von über 14'000 ha zum Projektgebiet erklärt und darin den **Schwendbau verboten.** Ein Teil des Gebietes sollte aufgeforstet, der Rest durch Frucht- und Gemüseanbau genutzt werden. Das Projekt scheiterte aus denselben Gründen wie das darauffolgende "Standard Agricultural Holdings Program", durch das einem Teil der durch den Stausee vertriebenen Menschen eine neue Existenzgrundlage ohne Schwendbau ermöglicht werden sollte.

Der von rassistischen Vorurteilen geprägte Umgang mit der tribalen Bevölkerung, Korruption, Inkompetenz und administrative Schlamperei brachten beide Projekte zum Scheitern. Mit rüden Methoden wurden die Leute dazu gezwungen, die Selbstversorgung aufzugeben und stattdessen Frucht-, Gummi- und Nutzholzbäume anzupflanzen. Das versprochene Geld und die Nahrungsmittel zur Überbrückung der ersten ertragslosen Monate oder Jahre erreichten allenfalls die neu angesiedelten Bengalen, nur selten und zu einem Bruchteil gelangten sie in die Hände tribaler Bauern.

Den grössten Teil der staatlichen Unterstützung strichen die Beamten selber ein - die Folgen waren verheerend: Knappheit an Nahrungsmitteln zwang zu massiver **Verschuldung** bei den bengalischen Händlern, und schliesslich traten erstmals in den Chittagong Hill Tracts Fälle akuter **Hungersnot** auf. Die tribale Bevöl-

Hunger in den Chittagong Hill Tracts

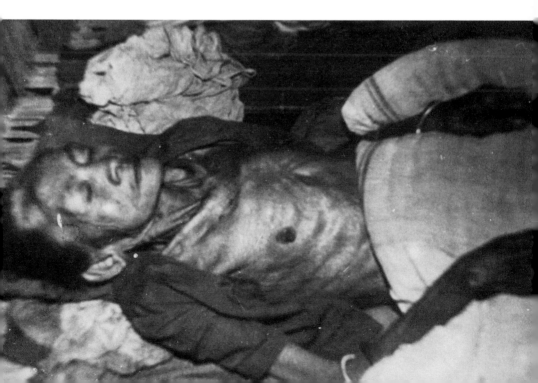

kerung wurde so massenweise zur **Auswanderung** gezwungen, und die Mouzas, in denen die Programme durchgeführt wurden, sind heute fast ausschliesslich von Bengalen bewohnt.

Die Erschliessung "leerer Räume" und das ökologische Desaster

Die verantwortlichen Regierungsstellen dürften die Abwanderung der tribalen Bevölkerung aus den Projektgebieten wohl kaum bedauert haben. Ganz im Gegenteil: dadurch wurde mehr Platz für bengalische Siedler geschaffen.

Die heutige Regierung ist immer noch der Überzeugung, dass es in den Chittagong-Bergen **"leere Räume"** gebe, die man durch Besiedlung nutzbar machen könne. Und auch die Asiatische Entwicklungsbank vertrat in einem optimistischen Bericht von 1976 die Ansicht, dass die bengalischen Siedler die flacheren Hügelzüge in kurzer Zeit in hochproduktive Nassreisfelder verwandeln würden; aber sie hat sich ebenfalls getäuscht. Die bengalischen Siedler haben grosse Schwierigkeiten, das nicht sehr fruchtbare Hügelland zu bewirtschaften, und sie versuchen deshalb mit allen Mitteln, zuerst das gute Ackerland in den Tälern an sich zu reissen.

Doch dringen die Bengalen auch immer weiter in die Hügel- und Bergregion vor. Der Stammesbevölkerung bleibt oft nichts anderes übrig, als dem massiven und gewalttätigen Druck der bewaffneten Siedler und der Armee zu weichen. Das Land wird für sie immer knapper, Schwendbau immer problematischer, und die Folgen der Übernutzung nehmen verheerende Ausmasse an: Erosion, schwere Störungen im Wasserhaushalt der ganzen Region,

Bevölkerungsdruck und eine verfehlte Entwicklungspolitik haben zu Übernutzung und schweren Erosionsschäden geführt.

sinkende Bodenfruchtbarkeit und Flächenerträge, der Zusammenbruch der traditionellen Selbstversorgung und letztlich die Verarmung grosser Teile der tribalen Bevölkerung. Dennoch hält die Regierung immer noch an der Auffassung fest, dass die Primitivität der Anbaupraxis die eigentliche Ursache für das Desaster sei.

Schwendbauverbot, Landnutzungsrechte und Entwicklungsprioritäten

In ihrem Bestreben, in den Chittagong-Bergen den Schwendbau zum Verschwinden zu bringen, hat auch die Regierung Bangladeshs dem für die Wälder zuständigen Departement weitreichende Kompetenzen erteilt. Schon seit den 60er Jahren besteht dafür eine eigene Abteilung, die "Jhum Control Division". Ihre Aufgabe besteht darin, den Schwendbau zu "kontrollieren", d.h. zum Verschwinden zu bringen. Gleichzeitig sollen diejenigen Familien unterstützt werden, die ihre Anbaumethode ändern wollen.

In Wirklichkeit aber werden Rehabilitierungsprogramme völlig vernachlässigt, und das Forstdepartement beschränkt sich darauf, den Schwendbau zu verbieten und Übertretungen zu bestrafen. Alljährlich kommt es zu zahlreichen Verhaftungen und Verurteilungen von Stammesleuten. Diese haben aber mangels Alternativen gar keine andere Wahl, als die erlassenen Gesetze zu brechen.

Wie die Ergebnisse der FORESTAL-Untersuchung zeigen, ist der grösste Teil des ausserhalb der Forstreservate gelegenen Landes **für eine intensive landwirtschaftliche Nutzung nicht geeignet.** Nur etwas über 6% des Landes taugen für den Ackerbau, die Hälfte davon auch nur, wenn es zuvor mit viel Aufwand terrassiert wird und wenn die schlechten Böden reichlich gedüngt werden. Etwa 15% des Landes könnte man im Frucht- und Gemüseanbau nutzen, und für den grossen Rest von annähernd 80% sah FORESTAL nur in der agroindustriellen Produktion von Gummi, Palmöl, Schnittholz etc. eine sinnvolle Nutzungsmöglichkeit.

Entsprechend dieser Einteilung des Landes setzten FORESTAL und in ihrem Gefolge die Regierung von Bangladesh die Entwicklungsprioritäten: Der Nordwesten der Hill Tracts, wo sich der grösste Teil des besten Landes befindet, wird als Entwicklungsregion höchster Priorität eingestuft. Der Süden und der Nordosten dagegen gelten als zweitrangig, da dort mehr als 97% des Landes steil und von schlechter Qualität sind.

Der grösste Teil des ausserhalb der staatlichen Forstreservate gelegenen Landes wird als **Staatsbesitz** betrachtet (im neu geschaffenen Bandarban-Distrikt z.B. über 80%). Auch die traditionellen Besitzer eines Stücks Land müssen deshalb den Staat um die Nutzungsrechte für ihre Felder angehen. Das Landbesiedlungsdepartement erteilt diese Rechte nur für eine Dauer von 1 bis 99 Jahren, und diese Pachtverträge enthalten genaue Auflagen, wie das Land bewirtschaftet werden soll.

Entsprechend der offiziellen Entwicklungspolitik Bangladeshs wäre das erstklassige Land eigentlich der indigenen Bevölkerung vorbehalten. Es ist jedoch ein äusserst mühsames und unsicheres Unterfangen, beim dafür zuständigen Landbesiedlungsdepartement die offiziellen Nutzungsrechte für das Land einzuholen - besonders als mittelloser Angehöriger der tribalen Minderheit. Wegen der Kompliziertheit des bürokratischen Prozederes und der allgegenwärtigen Korruption in der staatlichen

Verwaltung ist es nicht erstaunlich, dass sich das Land der besten Qualität inzwischen durchwegs in den Händen von Bengalen und reichen Stammesleuten befindet.

Man kann sich fragen, ob die Regierung Bangladeshs überhaupt die Absicht hat, die indigene Bevölkerung an der regionalen Entwicklung teilhaben zu lassen. Die Praktiken bei der Landverteilung sprechen jedenfalls ebensowenig dafür, wie die Art der Verteilung **staatlicher Unterstützung:** Das Anlegen von Fruchtgärten, Kaffee- oder Gummiplantagen z.B. erfordert Kapital für Setzlinge, Dünger und Pestizide, das von tribalen (oder auch bengalischen) Kleinbauern nicht aufgebracht werden kann. Werden die Kleinbauern zum Anbau der neuen Produkte gezwungen, ohne gleichzeitig ausreichende staatliche Unterstützung zu erhalten, so ist die hoffnungslose **Verschuldung** bei privaten Wucherern fast unausweichlich. Viele der einheimischen Bauern haben so ihr Land verloren. Neben dem Zugang zu günstigen Krediten müssten bessere Absatzmöglichkeiten v.a. für die leicht verderblichen Früchte und das Gemüse geschaffen werden, denn die Kleinproduzenten sind fast immer von bengalischen Zwischenhändlern abhängig. Diese zahlen lächerlich tiefe Abnehmerpreise und erzielen grosse Profite.

Nur die Angehörigen der finanzkräftigen bengalischen Oberschicht kommen in den Genuss staatlicher Finanzhilfe und Kredite. Sie erhalten auch leicht Nutzungsrechte über grosse Ländereien, auf denen Plantagen errichtet werden sollen, denn sie können die entsprechenden Schmiergelder bezahlen. Das Recht der tribalen Bevölkerung auf ihr angestammtes Land wird ignoriert, notfalls wird sie mit Gewalt vertrieben.

Durch den Bau des Kaptai-Staudamms verloren 85'000 indigene Schwendbauern ihr Land. Links neben dem Boot ragen Äste von überfluteten Bäumen aus dem Wasser.

Gewaltsame Vertreibung, Verschuldung und Benachteiligung bei der Verteilung von Nutzungsrechten haben dazu geführt, dass sich das gute Land (auf dem Bild ein Nassreisfeld) nun durchwegs in den Händen von Bengalen befindet.

Modelldörfer: Vom Entwicklungsprojekt zum Konzentrationslager?

Der 1976 gegründete "Entwicklungsausschuss für die Chittagong Hill Tracts" sollte bei der regionalen Entwicklungsplanung die tribale Bevölkerung besonders berücksichtigen. In einem der Schwerpunktprogramme des Entwicklungsausschusses werden Schwendbauern auf "Kollektivfarmen" angesiedelt, wo sie Plantagen anlegen sollen. Amtlichen bengalischen Quellen zufolge finanziert die Asiatische Entwicklungsbank diese Projekte mit Milliardenbeträgen. Diese Projekte laufen den Interessen der tribalen Bevölkerung ebenso zuwider wie die Rehabilitierungsprogramme der vormaligen pakistanischen Regierung: Die staatlichen Gelder verschwinden zum grössten Teil in den Taschen korrupter Beamter, Vermarktungsmöglichkeiten fehlen immer noch, und in der Nahrungsmittelversorgung sind die Einheimischen vollständig von bengalischen Händlern abhängig.

Bewusst werden auf den "Kollektivfarmen" Angehörige verschiedener Ethnien angesiedelt, so dass die traditionelle Sozialstruktur und die dörfliche Solidarität auseinanderbrechen und der Widerstand gegen Diskriminierung und Enteignung geschwächt wird. Im Zusammenhang mit der Bekämpfung der militanten indigenen Widerstandsbewegung wurden diese Kollektivfarmen zunehmends strenger vom Militär kontrolliert und schliesslich zu eigentlichen **Wehrdörfern** umfunktioniert. Von ernstgemeinter Entwicklungshilfe für die tribale Bevölkerung kann nicht mehr die Rede sein. Mehrere Zeugen vergleichen diese Siedlungen mit Konzentrationslagern, in denen unter strikter militärischer Kontrolle gelebt und gearbeitet wird.

Kahlschlag der Wälder

Abgesehen von den Mangrovenwäldern des Gangesdeltas, befinden sich in den Chittagong-Bergen die letzten ausgedehnten Forstgebiete Bangladeshs. In einem Land, das nur zu 9% bewaldet ist, sind die verbliebenen Forstreserven von grosser wirtschaftlicher Bedeutung. Sich des Wertes dieser Wälder wohl bewusst, hatte die englische Kolonialverwaltung schon im 19. Jahrhundert etwa ein Fünftel des Gebiet zu Forstreservaten erklärt und darin jegliche private Nutzung ohne spezielle Bewilligungen verboten. Zum Schutz der übrigen Wälder versuchte sie, genauso wie die unabhängigen Regierungen nach ihr, den Schwendbau allmählich zum Verschwinden zu bringen.

92% der Chittagong Hill Tracts gelten offiziell als bewaldet, und das ganze Gebiet untersteht dem Forstdepartement. In Wirklichkeit aber ist das Land ausserhalb der Forstreservate heutzutage allenfalls noch von einer Busch- und Strauchvegetation bedeckt. Trotzdem wird die restriktive Politik den Schwendbauern gegenüber noch immer beibehalten. Als eines der gewichtigsten Argumente wird die Erhaltung des regionalen ökologischen Gleichgewichts vorgeschoben. Dass den Wäldern dabei eine wichtige Funktion zukommt, ist nicht zu bezweifeln. Zweifel dürften jedoch an der Ernsthaftigkeit dieser Begründung anzumelden sein, denn es ist paradoxerweise gerade das Forstdepartement, das wesentlich zur **Zerstörung der verbliebenen intakten Waldgebiete** beiträgt.

Aufgrund der Restriktionen der Holzimporte und der Nutzungsverbote in den Staatsforsten seit 1972 herrscht akuter Mangel an Bau- und Brennholz. Die Preise haben sich seither verdreifacht.

Bauholz für die Konstruktion des Kaptai-Staudamms

Bengalische Siedler stapeln Holz, das sie in der Nähe Rangamatis geschlagen haben

Als Folge davon werden die Wälder illegal abgeholzt und ein blühender Schmuggel von Holzprodukten aus den Hill Tracts ist entstanden. Profite von mehreren hundert Prozent sind in diesem Geschäft zu machen, und dem Forstdepartement kommt dabei eine Schlüsselposition zu.

Nur kapitalkräftige Unternehmer können ins Holzgeschäft einsteigen: Die Hill Tracts sind schwer zugänglich, der Transport schwierig, die Verarbeitung, Lagerung und Vermarktung des Holzes aufwendig. Und vor allem müssen die Beamten des Forstdepartements mit lukrativen Angeboten dafür gewonnen werden, das Abholzen der Wälder zu genehmigen. Dazu ist die bengalische Unternehmerschicht mit der Bürokratie des Forstdepartements eine enge, für beide Seiten sehr vorteilhafte Verbindung eingegangen. Für die Stammesbevölkerung bringen die Aktivitäten des Forstdepartements und die kommerzielle Holzwirtschaft hingegen nur Nachteile. Während mit mässigem Erfolg versucht wird, dem Forstgesetz bei der Stammesbevölkerung Nachachtung zu verschaffen, geht das illegale kommerzielle Abholzen der Wälder in grossem Stil weiter. Die einheimische Bevölkerung wird dadurch eines wichtigen Teils ihrer Existenzgrundlage beraubt. Die Profite aus der rücksichtslosen Ausbeutung ihrer Wälder fliessen vornehmlich in die Taschen der bengalischen Oberschicht. Selbst die Arbeitsstellen in der holzverarbeitenden Industrie, die in den Chittagong-Bergen angesiedelt wurde, sind durchwegs von Bengalen besetzt.

Bodenschätze und Entwicklungshilfe

Für die Regierung Bangladeshs sind die Chittagong Hill Tracts jedoch nicht nur wegen des land- und forstwirtschaftlichen Entwicklungspotentials bedeutsam, sondern auch wegen der Bodenschätze. Schon zu Beginn dieses Jahrhunderts begannen die Briten mit der Suche nach **Öl**, allerdings ohne Erfolg. Inzwischen wurden reiche **Erdgasvorkommen** entdeckt, und man vermutet in der Gegend von Jogigofa und Rangamati mit einiger Wahrscheinlichkeit auch Öl. Ausser **Kohlenlagern** fand man im Maini-Forstreservat auch **Kupfer**. Es ist deshalb nicht erstaunlich, dass Unternehmen aus westlichen Industrieländern schon seit Jahren in den Hill Tracts nach Bodenschätzen suchen.

Die Erschliessung ergiebiger Ölquellen jenseits der Grenze in Burma, und wohl auch die gestiegenen Ölpreise, machten seit den siebziger Jahren die schwer zugänglichen Gebiete der Hill Tracts für Ölgesellschaften wieder attraktiv. Shell hat 1981 mit der Regierung gegen einen Bonus von 5 Mio. $ einen langfristigen Vertrag abgeschlossen und die Suche nach Ölvorkommen aufgenommen. Dabei ist sich der Konzern der potentiellen Probleme, die der bewaffnete Konflikt für ihre Untersuchungen mit sich bringen könnte, durchaus bewusst und verlässt sich für den Schutz der Shell-Arbeiter ganz auf die Regierung. Die Repressionen gegenüber der Bevölkerung, das gibt selbst Shell zu, haben aus diesem Grunde weiter zugenommen.

Nicht nur staatliche und private Unternehmen, sondern auch eine Reihe von ausländischen und internationalen Entwicklungshilfeorganisationen waren bisher in den Chittagong-Bergen aktiv. Die Regierung Bangladeshs gibt bei der Anfrage um internationale Unterstützung jeweils vor, eine regionale Entwicklung zugunsten der tribalen Bevölkerung anzustreben. Nur in den wenigsten Fällen haben die betreffenden Hilfsorganisationen erkannt, dass solche Entwicklungsprojekte oft wesentlich dazu beitragen, dass die Existenzgrundlagen der einheimischen Bevölkerung und damit ihre wirtschaftliche Selbständigkeit und ihre kulturelle Identität zusätzlich bedroht werden. Denn die Hilfsgelder werden von der Regierung sehr oft für **militärische Zwecke** missbraucht oder für die **Unterstützung bengalischer Siedler** verwendet:

-USAID (United States Agency for International Development) finanzierte den **Staudamm**; vom produzierten Strom profitiert vor allem die Stadt Chittagong und die bengalische Industrie.

-SIDA (Swedish International Development Agency) finanzierte ein **forstwirtschaftliches Entwicklungsprojekt**. Die Regierung weigerte sich, Angehörige der tribalen Bevölkerung darin zu beschäftigen.

-Die **Trinkwasserprogramme** der UNICEF kamen ausschliesslich Militärquartieren, Neusiedlungen für Bengalen, den urbanen Zentren und allenfalls den Modelldörfern für die Stammesbevölkerung zugute.

-WHO-Projekte zur Ausrottung der **Malaria** schützten vor allem das Militär und Neusiedler.

-ADAB (Australian Development Assistance Bureau) finanzierte den Bau **geteerter Strassen,** die das Gebiet zum Nutzen der lokalen Bevölkerung erschliessen sollte. Wer aber wirklich davon profitiert, sind Holzschlagfirmen, bengalische Siedler und vor allem die Armee.

-ADB (Asian Development Bank) finanziert u.a. die sehr fragwürdigen **Umsiedlungs-Projekte** mit Beträgen in Milliardenhöhe.

Menschenrechtsorganisationen wie IWGIA oder die "Anti-Slavery Society" haben wiederholt an Geberorganisationen appelliert, alle bisherigen und zukünftigen Projekte auf die Vereinbarkeit mit den Interessen der indigenen Bevölkerung hin zu prüfen. Im allgemeinen scheint sich weder bei den internationalen noch den nationalen Hilfsorganisationen ein Gesinnungswandel eingestellt zu haben. Auf die Proteste von Vertretern der tribalen Bevölkerung und von Menschenrechtsorganisationen reagierten bisher einzig SIDA und ADAB: sie zogen sich vollständig aus den von ihnen unterstützten Entwicklungsprojekten zurück.

Ein Staat - Eine Kultur?

Die staatliche Kulturpolitik in den Chittagong Hill Tracts zielt auf die Zerstörung der einheimischen Kultur und Identität und die Schaffung einer kulturell homogenen bengalischen Nation.

Dies äussert sich in der Unterdrückung der tribalen Sprachen und Religionen, der staatlichen Aufforderung an bengalische Militärs zur "Heirat" indigener Frauen, in der Vertreibung der tribalen Bevölkerung von ihrem Land und, im schlimmsten Fall, in der physischen Vernichtung der Stammesbevölkerung.

Es gehört zur Taktik der Militärs, **buddhistische Tempel** zu entheiligen, indem die Buddhastatuen zertrümmert oder mit dem Blut von Opfertieren beschmiert werden und indem Polizeistationen in Klosterräumlichkeiten untergebracht werden. Viele Tempel sind schon zerstört worden. Mönche, denen man Verbindungen zur Guerilla nachsagt, werden gefoltert und umgebracht. Die tribale Bevölkerung wird generell beim Ausüben ihrer Religion behindert.

Parallel dazu treibt man die **Islamisierung** voran, insbesondere seit der Machtübernahme von General Ershad und seiner Hinwendung zum islamischen Fundamentalismus. Mit finanzieller Hilfe von Saudi-Arabien entstand ein islamisches Gebets- und Kulturzentrum in Rangamati. Zudem wurden Dutzende von Moscheen erbaut. Die tribale Bevölkerung wird aufgefordert, zum Islam überzutreten. Die Aufforderung erfolgt zum Teil unter Androhung physischer Gewalt und zum Teil mit materiellen Anreizen sowie dem Versprechen, in Zukunft von Verfolgung verschont zu sein.

Schon in der 1. Primarschulklasse wird der Unterricht auf Bengali abgehalten, obschon diese Sprache den Kindern im Bergland in diesem Alter noch nicht geläufig ist. Die Regierungsbestimmungen zielen auf eine Entfremdung der Schüler von ihrer Muttersprache: alle Bewohner des Staatsgebietes von Bangladesh sollen Bengali sprechen. Im Vergleich zu den traditionellen Bildungsinstitutionen der buddhistischen Mönche, die in der Muttersprache unterrichten, erhöhte sich die Ausfallquote wesentlich. Neben der diskriminierenden Sprachpraxis zeigt sich die **Benachteiligung im Bildungswesen** u.a. auch im Lehrplan, welcher der bengalischen Kultur angepasst ist, und insbesondere in der Benachteiligung der tribalen Bevölkerung im Zugang zu den höheren Bildungsmöglichkeiten. So sind zum Beispiel an der polytechnischen Schule in Kaptai von den jährlich 250 Studienplätzen lediglich drei bis vier für Schüler aus tribalen Familien reserviert.

Die Angriffe auf religiöse Einrichtungen und auf die Priesterschaft sollen die Bergvölker demütigen und ihre Identität zerstören. Die **Vergewaltigung** der Frauen dient demselben Ziel und soll gleichzeitig die rassische Vermischung beschleunigen. Dies geht aus einer vertraulichen Mitteilung hervor, in welcher die Regierung ihre Offiziere dazu auffordert, Frauen aus den Chittagong-Bergen zu "heiraten". Die Berichte über die Verschleppung von Frauen, erzwungene Heiraten und Zwangsbekehrungen häufen sich.

Viele Frauen sind Opfer der Übergriffe von Militär und Siedlern geworden.

50,000 flee secret war in Bangladesh

Death toll mounts as tribesmen battle government troops in lush Chittagong Hill Tracts

Refugees allege torture on both sides

Genocide in Bangladesh

Inhuman torture of Chakmas by BDR

Buddhist tribe slaughtered in jungle genocide

No aid to B rebels, says

150 Chittagong refugees massacred

amnesty international

Chakmas re to return

UNLAWFUL KILLINGS AND TO IN THE CHITTAGONG H

Grausame Krieg der Sicherheitskräfte gegen die Bergstämme um Chittagong nimmt an Heftigkeit zu

Der heimliche Völkermord in Bangladesh

Tribal trouble

Terror unleashed on Chakmas

Talks a let-down, says Bangla press

Völkermord und Widerstand

Angesichts von Enteignung, Vertreibung, zwangsweiser Umsiedlung, religiöser Verfolgung und Diskriminierung begann sich unter den Betroffenen zunehmend Widerstand zu regen.

Dieser Widerstand formierte sich vor allem bei den Chakma, Marma und Tipera. Denn nur eine lokale Oberschicht verfügt über Mittel und Gelegenheit, ihre Kinder auf Schulen zu schicken, wo diese mit der Idee politischer Mobilisierung in Kontakt kommen. Unter den sozial wenig geschichteten Bergstämmen wie z.B. den Mru bildete sich, soweit bekannt ist, kein organisierter Widerstand. Entprechend unterschiedlich ist denn auch die **Informationslage**: Die Nachrichten über die Situation in den Hill Tracts gelangen v.a. über die Kanäle der politischen Widerstandsorganisation der Chakma und Marma nach aussen und konzentrieren sich auf die Siedlungsgebiete dieser am stärksten betroffenen Ethnien im Norden der Hill Tracts, obschon die einheimische Bevölkerung auch im Süden ganze Gebiete räumen musste.

Für Ausländer sind die Hill Tracts seit 1964 **Sperrgebiet**. Ausländische Journalisten und Vertreter von Menschenrechtsgruppen können sich deshalb kaum Informationen aus erster Hand beschaffen. Die Presse in Bangladesh unterliegt einer strengen Zensur. Die Berichte des politischen Widerstands, die Aussagen der Flüchtlinge in den indischen Lagern und indische Zeitungsmeldungen bilden deshalb die einzigen Informationsquellen. Da diese voneinander unabhängig sind und im wesentlichen übereinstimmen, können sie als vertauenswürdig gelten, obwohl die Nachrichten von direkt Betroffenen stammen.

Die **Geschichte des Widerstands** geht bis in die Kolonialzeit zurück. Vergeblich versuchten die politischen Führer der Hill

Tracts, bei der Teilung Britisch-Indiens den Anschluss ihres Gebietes an das multireligiöse und -ethnische Indien zu erwirken. Unter der pakistanischen Regierung musste mehr als ein Drittel der Chakma ihr Land verlassen, da dieses bald von einem Stausee überflutet werden sollte. Mehrmals sprachen daraufhin Führer der Chakmas bei den bengalischen Behörden vor und forderten erfolglos eine angemessene Entschädigung. Die Antipathie der Bevölkerung galt jedoch weniger der pakistanischen Regierung als den sie im Alltagsleben zunehmend bedrängenden bengalischen Einwanderern. Während bei den Parlamentswahlen 1970 die Awami-Partei Mujibur-Rahmans in ganz Bengalen siegte, entsandten die Hill Tracts einen "unabhängigen" Vertreter, den Chakma-Raja, ins pakistanische Parlament. Während des Krieges von 1971, der Bangladesh unter Mujibur-Rahman mit indischer Hilfe die Unabhängigkeit brachte, standen die Bewohner der Hill Tracts abseits, von beiden Parteien die Zusage einer Wiederherstellung des Sonderstatus erwartend, doch von beiden Seiten eher dem Feind zugerechnet. Das bengalische Militär verschonte auf der Suche nach versprengten Feinden des neuen Regimes in den Chittagong-Bergen die Zivilbevölkerung nicht, sondern praktizierte eine Taktik der verbrannten Erde.

Im neuen Parlament von Bangladesh waren die Hill Tracts wiederum mit einem Unabhängigen vertreten, Manabendra Larma, einem Chakma. Zusammen mit politisierten Studenten gründete Larma 1972 eine **Partei der Ethnien der Hill Tracts**, die "Parbottya Chattagram Jana Samhati Samiti" (PCJSS). Als Mitglied der verfassungsgebenden Versammlung Bangladeshs gelang es Larma jedoch nicht, den Hill Tracts einen Sonderstatus zu sichern, um die Bevölkerung vor der Einwanderung bengalischer Landloser und weiteren Übergriffen der Militärs zu schützen.

Gegen diese formierte sich 1974 zuerst auf lokaler Ebene eine Selbsthilfeorganisation, die "Shanti Bahini" (Friedenskämpfer). Als bewaffneter Flügel der PCJSS entwickelten sich die Shanti Bahini unter der zunehmend repressiveren Militärregierung Bangladeshs seit 1976 zu einer **Guerillatruppe**.

Die Bewaffnung der Guerilleros stammt zum Teil noch aus den Zeiten des Bürgerkriegs und zum Teil aus Eroberungen vom bengalischen Heer. Obwohl die Shanti Bahini ihre finanzielle und logistische Unabhängigkeit in verschiedenen Dokumenten betonen, gilt die zeitweilige Unterstützung durch Indien als sicher. Dies diente der Regierung von Bangladesh als willkommener Vorwand, um von äusserer Einmischung und Bedrohung der territorialen Integrität zu sprechen. Indien seinerseits wirft Bangladesh vor, dass es verschiedene Guerillagruppen unterstütze, die in Indien kämpfen. Die Shanti Bahini begannen mit Überfällen auf kleinere Armeeeinheiten. Seit Ende der siebziger Jahre das Umsiedlungsprogramm der Regierung begann, werden auch Polizeistationen und bengalische Siedlungen direkt angegriffen. Realistische Schätzungen gehen von 5'000 aktiven Guerillakämpfern aus. Die Guerilla-Führung zerstritt sich, und M. Larma wurde 1983 auf indischem Boden ermordet. Von einem Amnestie-Angebot der Militärregierung machte daraufhin ein Grossteil der Larma-feindlichen Fraktion Gebrauch, was letztendlich zu einer Konsolidierung und einem Wiedererstarken der Guerilla führte.

Junge Kämpfer der Shanti Bahihi

Ziel des Widerstands ist die Wiederherstellung eines administrativen und politischen Sonderstatus der Chittagong Hill Tracts, der Stop der bengalischen Umsiedlungspolitik, die Rückgabe des von bengalischen Siedlern besetzten Landes und der Abzug des Militärs. Nur so könne für die Bevölkerung der Hill Tracts ein menschenwürdiges Überleben gesichert werden. Die in letzter Zeit aufgetauchte Forderung nach einem unabhängigen Staat ist wohl eher als taktische Maximalforderung zu interpretieren.

Die Regierung Bangladeshs schien nie ernsthaft an einer Verhandlungslösung interessiert gewesen zu sein und reagierte auf derartige Forderungen mit der **Verstärkung ihrer militärischen Präsenz.** Unabhängige Quellen sprechen davon, dass 30-120'000 reguläre und paramilitärische Truppen bis 1980 in den Chittagong Bergen massiert wurden. Schätzungsweise ein Drittel der regulären Streitkräfte sollen im Gebiet operieren. Die Polizeistationen nahmen im selben Zeitraum von 12 auf 28 zu, Tausende bengalischer Siedler erhielten Waffen von offizieller Seite. Seit Beginn des Umsiedlungsprogramms der Regierung häuften sich die Angriffe der Shanti Bahini auf Armee und Polizei und die Gewalttätigkeiten gegen die Stammesbevölkerung eskalierten. Dörfer, die man der Unterstützung der Guerilla verdächtigt, werden von offiziellen Armeeverbänden und bewaffneten Siedlern umzingelt: Männer werden erschossen, Frauen und Mädchen entführt und tagelang vergewaltigt, die Dörfer abgebrannt. Eine nicht mehr abreissende Folge von Berichten über **Massaker, Folterungen, Vergewaltigungen, Plünderungen und willkürliche Verhaftungen** hat seither unabhängige Menschenrechtsorganisationen wie z.B. Amnesty International erreicht. Umfang und Systematik der Massaker und Vertreibungen lassen den Schluss zu, dass es in

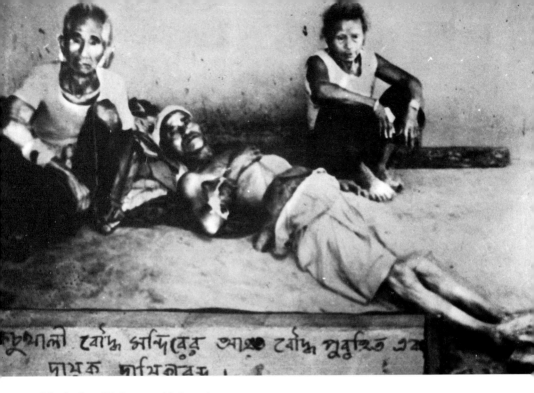

Nach dem Kolompoti Massaker

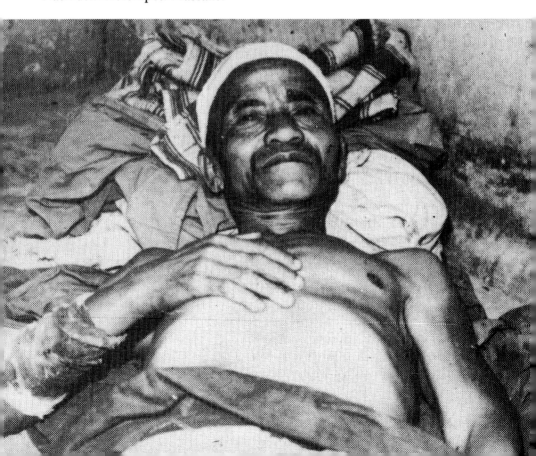

den Hill Tracts nicht um die Bekämpfung einer Guerilla geht, sondern um die **Liquidierung der Stammesbevölkerung**: "We want the land, not the people (Wir wollen das Land, nicht die Bevölkerung)". Dieser öffentliche Ausspruch eines bengalischen Armeekommandanten ist bezeichnend für die Haltung der Regierung.

Die Berichte zeichnen ein Bild des Grauens. Am 25. März 1980 zum Beispiel veranstaltete die Armee in Kolompoti ein Blutbad unter der Bevölkerung, als Rache für die Ermordung von zweiundzwanzig bengalischen Siedlern durch die Shanti Bahini. Der Armeekommandant "organisierte eine religiöse Versammlung von Stammesführern auf dem Markt, und die gewöhnliche Bevölkerung wurde versammelt, um einen buddhistischen Tempel instandzustellen ... Während diese den Tempel reparierten, wurde ihnen befohlen, sich in einer Reihe aufzustellen, und als sie in einer Reihe standen, schossen die Soldaten in die Menge". So berichtet ein Augenzeuge. Über dreihundert Menschen wurden niedergemetzelt, dreissig Frauen verschleppt und in den Militärcamps vergewaltigt. Ein dutzend Dörfer wurden in der Folge niedergebrannt und verwüstet, die nicht rechtzeitig Geflohenen ermordet oder vergewaltigt.

Das Massaker stellt keinen Einzelfall dar. Kein Monat vergeht, ohne dass Dutzende von Stammesleuten den Angriffen von Armee und Siedlern zum Opfer fallen. Der folgende Augenzeugenbericht eines Bewohners des Dorfes Suguri Para im Bezirk Barkol vom 1. Juni 1984 soll als weiteres Beispiel dienen:

> "Soldaten riefen schmähende Parolen und ein Grossteil ihrer Aufmerksamkeit war auf unsere Frauen gerichtet, von denen Dutzende durch Schüsse in ihre Genitalien getötet wurden. Viele wurden in ihren Hütten gefesselt,

welche dann in Brand gesteckt wurden. Mein Freund Sanat wurde gefoltert und über die Aufenthaltsorte der Shanti Bahini befragt. Als er "Nein" sagte, wurde jemand aus dem Dorf gezwungen, ihn zu erstechen. Es gab kaum eine Frau, die nicht vergewaltigt wurde, und ich kann es nicht fassen, wie so viele von uns überleben konnten. Ich kann nicht sagen, wie viele gestorben sind, aber ich sah 30 bis 40 Menschen daliegen, von denen mindestens zehn kleine Kinder waren. Viele dieser Kinder sind mit automatischen Waffen zerfetzt worden."

Einen neuen schrecklichen Höhepunkt erreichten die völkermörderischen Übergriffe der bengalischen Armee und Siedler Ende April 1986 in den Gebieten von Panchori und Khagrachori. Mehrere Dutzend bis mehrere hundert Menschen, darunter viele Alte und Kinder, wurden eingekreist und mit Schusswaffen und Messern umgebracht. Die Frauen wurden in die Armeelager entführt, vergewaltigt und später mit Bajonetten erstochen. Mehrere Einheimische wurden abgeführt und tagelang gefoltert, um Informationen über die Shanti Bahini aus ihnen herauszupressen. Etwa hundertfünfzig Stammesleute, die nach den Massakern versuchten, die indische Grenze zu erreichen, wurden am 18. Mai von bengalischen Armeeinheiten in der Nähe von Silachori gefangen und am folgenden Tag in Toindong und Komilatila von Siedlern und Soldaten mit Schuss- und Stichwaffen niedergemetzelt.

Geräumtes Mru-Dorf   Nach einem Überfall der Armee: Zerstörte Siedlungen

Ein erschossener Chakma-Junge (Panchori, 22. April 1986)

Auf der folgenden Karte sind die Orte eingezeichnet, wo grössere Massaker stattgefunden haben. Unzählige Übergriffe gegen Einzelpersonen oder kleinere Gruppen sind darin nicht verzeichnet.

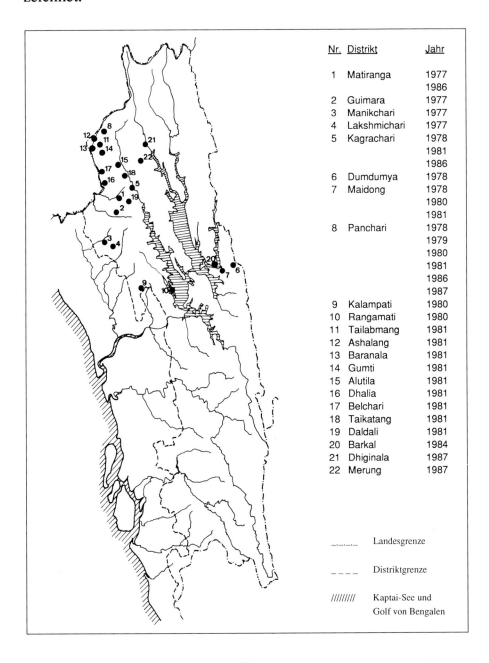

Nr.	Distrikt	Jahr
1	Matiranga	1977
		1986
2	Guimara	1977
3	Manikchari	1977
4	Lakshmichari	1977
5	Kagrachari	1978
		1981
		1986
6	Dumdumya	1978
7	Maidong	1978
		1980
		1981
8	Panchari	1978
		1979
		1980
		1981
		1986
		1987
9	Kalampati	1980
10	Rangamati	1980
11	Tailabmang	1981
12	Ashalang	1981
13	Baranala	1981
14	Gumti	1981
15	Alutila	1981
16	Dhalia	1981
17	Belchari	1981
18	Taikatang	1981
19	Daldali	1981
20	Barkal	1984
21	Dhiginala	1987
22	Merung	1987

—·—·— Landesgrenze

— — — Distriktgrenze

//////// Kaptai-See und Golf von Bengalen

Flüchtlinge

Die einheimische Bevölkerung fürchtet um ihr Leben, und Tausende versuchen zu fliehen. Meist ohne Nahrung und Bargeld ihr nacktes Leben rettend, flüchten sie in unwegsame Teile der **Reservationsforste**. Die Glücklicheren unter ihnen erreichen den benachbarten indischen Unionsstaat Tripura, in dem entlang der Grenze verschiedene **Flüchtlingslager** entstanden sind (vgl. nachfolgende Karte). Massive Flüchtlingswellen nach Indien setzen jeweils nach den schlimmsten Massakern der bengalischen Armee ein. Indischen Quellen zufolge betrug im Januar 1987 die Zahl der auf vier Lager verteilten Flüchtlinge 30'000. Im März erhöhte sich die Zahl auf 45'000 und ein fünftes Lager wurde in Pancharam Para eröffnet. Ende Mai 1987 meldeten dieselben Quellen, dass sich 50'000 Flüchtlinge im indischen Bundesstaat Tripura aufhielten.

Doch nicht alle Schutzsuchenden erreichen die indischen Lager. Viele von ihnen werden von der bengalischen Armee auf der Flucht aufgespürt und umgebracht. Andere wiederum schickt die indische Grenzpolizei zurück, oft in die Hände der bengalischen Armee. Eine unbekannte Anzahl Menschen hält sich in den Reservationsforsten versteckt. Über ihre Lebensbedingungen können nur Vermutungen angestellt werden.

Die **Situation in den Flüchtlingslagern** ist prekär. Da ausser kleinen Mengen von Dal (Linsen), Salz und Speiseoel nur Reis und Weizen abgegeben werden, fehlt den Menschen protein- und vitaminreiche Nahrung wie Fisch und Gemüse. Folge davon ist Mangelernährung, die zusammen mit der fehlenden medizinischen Versorgung zum Tod vieler Flüchtlinge führt. Neben den misslichen Verhältnissen in den Lagern droht den Flüchtlingen aber auch die Gefahr, repatriiert zu werden. Aus Berichten geht hervor, dass nicht nur Flüchtlinge gleich nach ihrem Grenzübertritt von der Indischen Grenzpolizei gewaltsam zurückgewiesen worden sind, sondern auch bereits zweimal (1981 und 1986) gemäss einer offiziellen Übereinkunft zwischen Delhi und Dhaka gegen ihren Willen in die Chittagong-Berge repatriiert wurden. Die **Repatriierung** war jedoch keine Rehabilitierung. Die Abgeschobenen konnten nicht wie versprochen in ihre Dörfer zurückkehren. Man liess sie entweder mit einem kleinen Geldbetrag an der Grenze stehen oder überliess sie - im schlimmeren Fall - den Misshandlungen der Armee. Auf internationalen Druck hat die indische Regierung im Januar 1987 eingewilligt, vorderhand keine Flüchtlinge mehr nach Bangladesh zurückzuschicken.

Die Flüchtlinge sind trotz der prekären Verhältnisse in den Lagern nur zur Rückkehr bereit, wenn ihr physisches und ökonomisches Überleben garantiert ist. Diese Grundbedingung erachten sie als gegeben, wenn die bengalischen Siedler und die Armee die Heimatdörfer der Rückkehrer verlassen haben, die Rehabilitierung unter der Aufsicht der UNO geschieht und die Flüchtlinge eine finanzielle Starthilfe erhalten.

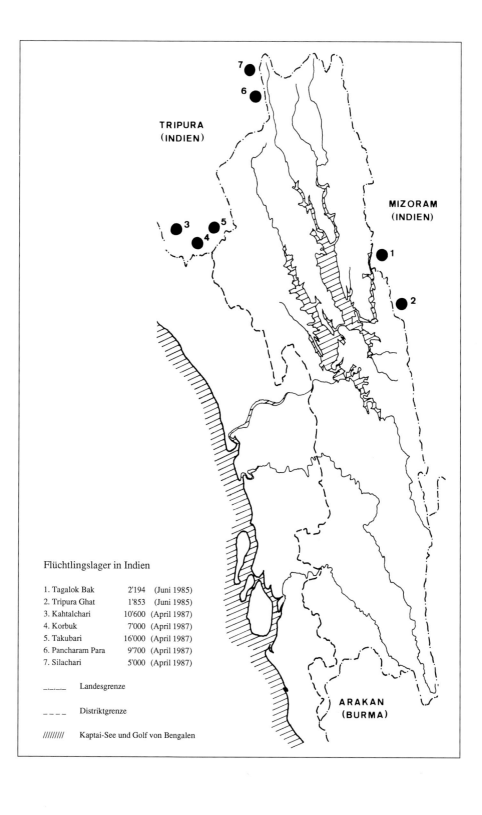

Chakma-Flüchtlinge auf dem Weg nach Indien

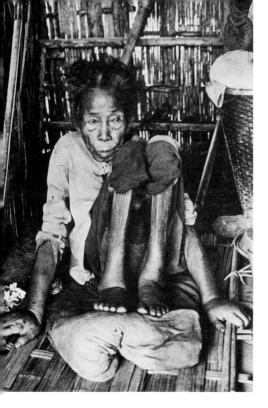
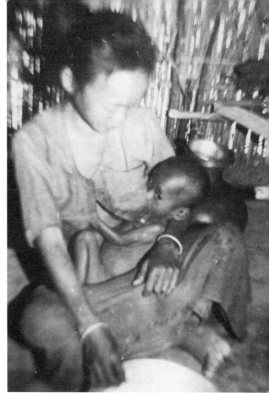

Hunger und Angst bestimmen das Leben in den Flüchtlingslagern.

Was tun?

Menschenrechtsgruppen wie die "International Work Group for Indigenous Affairs" (IWGIA) in Kopenhagen, die "Anti-Slavery Society" und "Survival International" in London und die deutsche "Gesellschaft für Bedrohte Völker" haben Berichte über die Situation in den Chittagong Hill Tracts publiziert. Die Regierung von Bangladesh wies solche Berichte immer zurück und hat bisher keiner unabhängigen Kommission und keinem Journalisten freien Zutritt in das Bergland gewährt. Zusammen mit Vertretern der Stammesbevölkerung klagten Menschenrechtsorganisationen die Regierung Bangladeshs vor verschiedenen **internationalen Gremien** an: 1985 zum Beispiel wurde die Angelegenheit vor der "International Labour Organization" vorgebracht, deren Konvention No. 107 über den "Schutz und die Integration indigener und tribaler Bevölkerungen unabhängiger Länder" Bangladesh unterzeichnet hat. Jährlich tagt die "UN-Arbeitsgruppe über Indigene Bevölkerungen" in Genf. Die **Antwort des Regierungsvertreters** in dieser Organisation gegenüber der Anschuldigung der Anti-Slavery Society, in den Chittagong Hill Tracts Genozid und Ethnozid zu betreiben, kann als beispielhaft für die Argumentationsweise bengalischer Offizieller gelten:

"Die Anti-Slavery Society empfahl, der Zustrom von bengalischen Siedlern in die Chittagong Hill Tracts müsse gestoppt werden. Herr Vorsitzender, wenn es keinen Zustrom gibt, wie können wir ihn stoppen? Ausserdem ist Bangladesh ein Land mit einer homogenen Bevölkerung. Die Bewohner eines Gebietes möchten vielleicht in ein anderes Gebiet reisen. Wie können wir unseren Bürgern das Recht absprechen, von einer Gegend ihres eigenen Landes in eine andere zu reisen? Wir können deshalb nicht verstehen, was die Anti-Slavery Society mit 'bengalischen Siedlern' meint. Wir, das Volk von Bangladesh, sind alle Bengalis. Wenn eine Gruppe von Bengalis in ein anderen Teil ihres eigenen Landes reist, werden sie deshalb nicht zu Siedlern... Herr Vorsitzender, alles was meine Regierung in diesem Teil des Landes getan hat, geschah, um der Bevölkerung des Gebietes in der Entwicklung ihrer ökonomischen Aktivitäten beizustehen... Es gibt keine sichtbaren Zeichen der Opposition gegenüber den Regierungsprogrammen durch die Bevölkerung dieser Gegend... Die Bevölkerung der Chittagong Hill Tracts erfreut sich gleicher Voraussetzungen in allen Bereichen des Lebens wie der Rest der Nation, und desselben rechtlichen Schutzes. Friede und kommunale Harmonie überwiegen in allen Teilen Bangladeshs, die Chittagong Hill Tracts miteingeschlossen."

Internationale Proteste scheinen die Regierung Bangladeshs wenig zu beeindrucken. Da der Konflikt die strategischen Interessen der Grossmächte kaum tangiert, sind diese auch wenig motiviert, politisch zu intervenieren. Genozid und Ethnozid gehen weiter.

Bangladesh ist jedoch ökonomisch von **Entwicklungshilfe** abhängig. Auch die Schweiz ist in Bangladesh entwicklungspolitisch engagiert: 1986 z.B. flossen 6,9 Millionen Franken bilaterale Hilfe nach Bangladesh. Bangladesh bezieht somit am viertmeisten direkte Schweizer Entwicklungshilfe von allen asiatischen Ländern. Mit 15 Millionen Franken Zahlungsbilanzhilfe seit 1981 rangiert Bangladesh an erster Stelle aller Länder, die in den Genuss dieser Form von Unterstützung gelangen. Die "Direktion für Entwicklungszusammenarbeit und humanitäre Hilfe" hilft so mit, ein wenig humanitäres Regime zu finanzieren.

Die bengalische Regierung soll daran erinnert werden, dass ihre Politik des Völkermordes gegenüber der einheimischen Bevölkerung der Hill Tracts von der Weltöffentlichkeit nicht unbeachtet bleibt. Die Vergabe weiterer schweizerischer Entwicklungsgelder soll an die Bedingung geknüpft werden, dass sich die Menschenrechtssituation in den Chittagong Hill Tracts radikal verbessert. **Unterschreiben Sie deshalb die beigelegte Petition an das Schweizerische Departement des Äusseren.**

Literatur

Amnesty International. Unlawful Killings and Torture in the Chittagong Hill Tracts. London, Amnesty International, 1986.

Bernot, Lucien. Les Paysans Arakanais du Pakistan Oriental. L'Histoire, le Monde Végétal et l'Organisation Sociale des Réfugiés Marma (Mog). Paris, Mouton, 1967.

Brauns, Claus-Dieter und Lorenz G. Löffler. Mru. Bergbewohner im Grenzgebiet von Bangladesh. Basel/Stuttgart, Birkhäuser, 1986.

Burger, Julian und Alan Whittaker (Hrsg.). The Chittagong Hill Tracts. Militarization, Oppression and the Hill Tribes. London, Anti-Slavery Society, 1984.

Mey, Almut. Untersuchung zur Wirtschaft in den Chittagong Hill Tracts (Bangladesh). Bremen, Veröffentlichungen aus dem Übersee-Museum, Reihe D, Band 6, 1979.

Mey, Wolfgang. Politische Systeme in den Chittagong Hill Tracts, Bangla Desh. Bremen, Veröffentlichungen aus dem Übersee-Museum, Reihe D, Band 9, 1979.

Mey, Wolfgang (Hrsg.). Genocide in the Chittagong Hill Tracts, Bangladesh. Kopenhagen, IWGIA, 1984.

Mey, Wolfgang. Wir wollen nicht Euch, wir wollen euer Land. Macht und Menschenrechte in den Chittagong Hill Tracts, Bangladesh. Göttingen, Gesellschaft für bedrohte Völker, 1988.

Bildnachweis

Photos

C.-D. Brauns: Umschlagbild und Seiten 11 oben, 22 unten, 23, 24 unten, 25 oben, 27, 28, 29, 32 oben und unten links, 33 unten, 34 unten links und rechts, 42 oben rechts und unten.

H. E. Kauffmann: Seiten 20 unten, 24 oben, 26 oben, 34 oben, 37, 42 oben links, 45 oben links, 64 oben.

L. G. Löffler: Seiten 11 unten, 20 oben, 21, 22 oben, 25 unten, 26 unten, 32 unten rechts, 33 oben, 43, 44, 45 oben rechts und unten, 57, 61 unten, 81 oben links.

Karl Weber: S. 49.

Unbekannt, Quelle: IWGIA-Sekretariat, Kopenhagen: Seiten 55 oben und unten, 61 oben, 78 oben, 86 oben und unten links, 87 oben rechts.

Unbekannt, Quelle: Organizing Committee Chittagong Hill Tracts Campaign, Amsterdam: Seiten 71, 81 oben rechts, 86 unten rechts, 87 oben links.

S. 64 unten: Steven R. Weisman, Quelle: Herald Tribune, 25.10.1986.

S. 76 S.K. Chakma, Quelle: Sunday (New Delhi), 6.-12. Juli 1986.

S. 78 unten: Unbekannt, Quelle: Burger, Julian et al. The Chittagong Hill Tracts. Militarization ...

S. 81   unten: Unbekannt, Quelle: Sunday (New Dheli), 1.-7. März 1987.

S. 87   unten: Prashant Panjiar, Quelle: India Today, 15. März 1987.

Karten

S. 82   Urs Kenny, Julia Dold.

S. 85   Julia Dold.

Publikationen
des Völkerkundemuseums der Universität Zürich

Bender W. **Rastafari-Kunst aus Jamaica.**
Bremen 1984 139 Seiten, 252 Abb.   Fr. 15.--

Biasio E. und Münzer V. Übergänge im menschlichen
Leben (**Geburt, Initiation, Hochzeit und Tod in
aussereuropäischen Gesellschaften**). Zürich 1980,
238 Seiten, 137 Abb.   Fr. 15.--

Brauen M. **Heinrich Harrers Impressionen aus Tibet.**
1974, 224 Seiten, 146 Abb., 2 Karten   Fr. 15.--

Brauen M. **Feste in Ladakh.** Graz 1980, 186 Seiten,
105 Abb., 12 Strichzeichnungen, 2 Karten   Fr. 50.--

Brauen M. (Hg.) **Fremden-Bilder.** ESZ 1, Zürich 1982,
152 Seiten, 77 Abb., 1 Karte   Fr. 10.--

Brauen M. (Hrsg.) **Nepal - Leben und Überleben.** ESZ 2,
Zürich 1984, 248 Seiten, 123 Abb., Tabellen, Grafiken, Karten   Fr. 20.--

Buchmann K. **Das Kind im Lötschental.** Zürich 1981,
103 Seiten, 43 Abb.   Fr. 8.--

Engelbrecht B. **Handwerk im Leben der Purhépecha
in Mexico.** ESZ 3, Zürich 1986, 128 Seiten, 79 Abb.
(ISBN: 3-909105-01-7)   Fr. 15.--

Enz D. et al. **Reis - in zwei Bildern.** Zürich 1981,
84 Seiten   Fr. 2.--*

Gerber P.R. **Die Peyote-Religion. Nordamerikanische Indianer auf der Suche nach einer Identität.**
Zürich 1980, 210 Seiten, 5 Abb., 2 Karten   Fr. 15.--

Gerber P.R. **Die Bedeutung der "Religion" im
Überlebenskampf der Indianer.** Zürich 1983, 23 Seiten   Fr. 2.--*

Gerber P.R. (Hrsg.) **Vom Recht, Indianer zu sein.
Menschenrechte und Landrechte der Indianer
beider Amerika.** ESZ 4, Zürich 1986, 208 Seiten,
7 Karten (ISBN: 3-909105-02-5)   Fr. 19.--

Henking K.H. **Völkerkundemuseum der Universität Zürich, Geschichte und Ausblick.** Zürich 1980, 29 Seiten, 28 Abb. Fr. 3.--*

Läng H. **Mexico und Guatemala - bewahrte Vergangenheit.** Zürich 1977, 28 Seiten, 18 Abb. Fr. 3.--*

Läng H. **Indianer-Schulen in den USA.** Zürich 1980, 22 Seiten Fr. 3.50

Oertli P. **Agovié - ein Dorf in der Volksrepublik Benin.** Zürich 1977, 36 Seiten, 45 Abb. Fr. 3.50*

Raunig W. (Hg.) **Religiöse Kunst Aethiopiens/Religious Art of Ethiopia.** Stuttgart 1973, 324 Seiten, 113 Abb. Fr. 15.--

Stoll E. **Asiatische Sammlung der Universität Zürich.** Zürich 1968, 20 Seiten, 56 Abb. Fr. 5.--

Szalay M. **Die ethnografische Südwestafrika-Sammlung Hans Schinz 1884-1886.** Zürich 1980, 130 Seiten, 145 Abb., 1 Karte Fr. 15.--

Szalay M. **Ethnologie und Geschichte.** Berlin 1983, 292 Seiten Fr. 35.--

Szalay M. **Die Kunst Schwarzafrikas: Werke aus der Sammlung des Völkerkundemuseums der Universität Zürich, Teil I: Kunst und Gesellschaft.** ESZ 5, Zürich 1986, 198 Seiten, 269 Abb. (ISBN: 3-909105-03-3) (kein Postversand möglich) Fr. 58.-- im Buchhandel Fr. 38.--

Szalay M. et al. **Das Völkerkundemuseum der Universität Zürich.** Zürich 1972, 108 Seiten, 45 Abb. Fr. 5.--

SEG/SSE. **Völkerkundliche Sammlungen in der Schweiz.** Bd. I. Bern 1979, 492 Seiten Fr. 30.--

SEG/SSE. **Völkerkundliche Sammlungen in der Schweiz.** Bd. II. Bern 1984, 410 Seiten. Fr. 39.--

Neuerscheinungen

Gerber P.R. und Ammann G. **Die Prärie- und Plains-Indianer.** Zur Kultur, Geschichte und Gegenwartssituation. Indianer Nordamerikas I, Materialien und Vorschläge für den Unterricht, Zürich 1987, 112 Seiten. (ISBN 3-909105-05-X)   Fr. 20.--

Vogelsanger C. **Indische Gottheiten.** Ein Brevier zur Ausstellung "Götterwelten Indiens". Zürich 1987   Fr. 8.--

IWGIA-Lokalgruppe Zürich. **Bedrohte Zukunft. Bergvölker in Bangladesh.** Zürich 1988, 96 Seiten, 60 Abb. (ISBN: 3-909105-07-6)   Fr. 15.--

Im Museum ist folgende Publikation erhältlich:
(kein Postversand möglich)

Bruggmann M. (Fotos) und Gerber P.R. (Text) **Indianer der Nordwestküste.** Zürich 1987. Über 250 s/w - und Farbfotos, 232 S. (U. Bär Verlag; ISBN 3-905137-09-7)   Fr.110.--

Publikationen
des Ethnologischen Seminars der Universität Zürich

Greuter S. **L'école et le milieu rural.** Une étude de cas dans le sud du Bénin. ESZ 6, Zürich 1987, 150 Seiten (ISBN 3-909105-04-1)   Fr. 15.--

* kein Buchhändlerabatt